# MIT Gefühl leben!

SELF COMPASSION

**Aljoscha A. Long**

5-Wochen-Kurs

# Starke Partner

Nr. 2

Beziehung in Liebe und Achtsamkeit

# systemed

**Impressum.**

©2015 systemed Verlag, Lünen. Alle Rechte vorbehalten. Nachdruck, auch auszugsweise, sowie Verbreitung durch Film, Funk und Fernsehen, durch fotomechanische Wiedergabe, Tonträger und Datenverarbeitungssysteme jeglicher Art nur mit schriftlicher Genehmigung des Verlages.

| | |
|---:|:---|
| Redaktion: | systemed Verlag, Lünen |
| Umschlagestaltung und Buchsatz: | Christiane Schuster |
| | www.kapazunder.de |
| Illustrationen: | Wolfgang Pfau |
| | www.pfau-design.de |
| Druck: | Florjancic Tisk d.o.o., Slowenien |
| ISBN: | 978-3-95814-001-1 |

1. Auflage

**Aljoscha Long** ist Autor, Komponist und Diplompsychologe. Seit 1989 schreibt er Bücher zu psychologischen, philosophischen und spirituellen Themen, die in über 16 Sprachen veröffentlicht wurden. Gemeinsam mit Ronald Pierre Schweppe gründete er 1999 das Institut für Personale Integration. Aljoscha Long ist mit der Autorin Fei Long verheiratet und lebt in München und Guangzhou, China, wo er schreibt, Cello spielt und Meditation und Taijiquan unterrichtet.

# Liebe deinen Partner wie dich selbst!   6

## Um was geht es hier?   6

# I. Das Geheimnis glücklicher Paare   8

## Was ist Selbstmitgefühl?   9
Der Baum der Selbstliebe   10

## Was Mitgefühl nicht ist   12
Mitgefühl ist nicht Mitleid   12
Selbstmitgefühl ist kein Egoismus   12
Mitgefühl ist keine rosa Brille   13

## Die Grundlagen des Mitgefühls   14
Achtsamkeit   14
Offenheit   14
Selbstakzeptanz   15
Selbstfreundlichkeit   15
Verständnis   15
Verbundenheit   16

## Von der Kunst, gut für sich zu sorgen   17

## Die wissenschaftliche Erforschung des Mitgefühls   18
Wer hat's erfunden?   20

## »Es ist okay, so wie es ist.« – Die Philosophie der Gelassenheit   21

## Ein kleiner Test   22

# II. Harmonie bewahren und miteinander wachsen   25

## Was willst du eigentlich?   25

## Du bist das Beste, was du hast   27

## Fünf Beziehungskiller und fünf Beziehungswärmer   28
*Beziehungskiller*   28
Nörgeln, Streiten, schlechte Kommunikation   29
Eifersucht   30
Vergleichen   31
Selbstabwertung   32
Klammern   33

*Beziehungswärmer* **34**
Mitgefühl 34
Zuhören 35
Authentizität 36
Humor 37
Gelassenheit 37
Auswertung 39

## III. Das 5-Wochen-Übungsprogramm     **40**

### 1. Woche: Lass es sein!     **42**
Achtsamkeit hat drei wichtige Eigenschaften 42
Einstiegsübung: Was ist JETZT? 42
Beziehungsübung: Was passiert gerade? 43
Alltagsübung: Innehalten 43
Achtsamkeitsübung: Hinsehen, ohne zu urteilen 44

### 2. Woche: Kommunikation statt Automatik     **46**
Einstiegsübung: Airbag 46
Alltagsübung: Auf die Kommunikation achten 47

### 3. Woche: Den inneren Freund umarmen     **49**
Ich bin, wie ich bin – Selbstmitgefühl 49
Achtsamkeitsübung: Den inneren Freund kennenlernen 50
Kennenlernübung: Ein Brief vom inneren Freund 51
Alltagsübung: Sich eine Umarmung gönnen 51
Übung: Ich bin wertvoll – mit meinen Schwächen 52

### 4. Woche: Das Herz weiten     **53**
Das Mitgefühl heilen lassen 53
Alltagsübung: Mit Mitgefühl hinsehen 54
Übung: Metta, die Meditation liebevoller Güte 55

### 5. Woche: Dem Leben vertrauen     **57**
Verstehen, lächeln, dankbar sein 57
Vorübung: Was bedeutet Gelassenheit für mich? 60
Übung: Die Gelassenheitsmeditation 61

### Sei gut zu dir!     **62**

### Impressum     **63**

# Liebe deinen Partner wie dich selbst!

Nur wer mit sich selbst Freundschaft schließt, kann auch in einer Beziehung zu einem anderen Menschen Wärme, Vertrauen und Kraft schenken - und bekommen. Diese Fähigkeit, Freundschaft mit sich selbst zu schließen, heißt Selbstmitgefühl - und das ist etwas vollkommen anderes als Selbstmitleid.

Eine gute, liebevolle Beziehung zu führen, ist alles andere als selbstverständlich. Eine Liebesbeziehung ist im Gegensatz zu Verliebtheit nicht nur eitel Sonnenschein. Es gibt Höhen und Tiefen. Setzen wir uns selbst und unseren Partner dann auch noch selbst unter Druck, stecken wir schnell im Teufelskreis aus Streitereien, Machtkämpfen und Frust.

Die allerbeste Möglichkeit, uns von Beziehungsstress zu befreien, besteht darin, dass wir damit aufhören, uns selbst zu verurteilen und schlecht zu machen. Wenn wir mit uns selbst glücklich sind, werden wir auch damit aufhören, unseren Partner zu kritisieren, ihn mit anderen zu vergleichen und ihn für das, was er nun einmal ist, zu verurteilen. Dann werden wir auch in unserer Beziehung glücklich sein.

Wenn Sie glauben, Sie können nur in einer glücklichen Beziehung zufrieden sein, haben Sie vielleicht in gewisser Weise recht - aber Sie verkehren die Zusammenhänge: Nur wenn Sie zufrieden sind, wird Ihre Beziehung glücklich sein!

## Um was geht es hier?

Ich möchte Ihnen in diesem Büchlein helfen, die Fähigkeit zu entwickeln, sich selbst zu lieben und freundlich mit sich selbst umzugehen. So werden Sie ganz von selbst gelassener - auch und vor allem im Zusammenleben mit Ihrem Partner. Indem Sie Mitgefühl und Herzensgüte in sich selbst fördern, können Sie den Kreislauf aus Grübeln, Sorgen, Leistungsdenken und Perfektionszwang durchbrechen. Und so werden Sie nicht nur Ihr Leben, sondern auch das Ihres Partners angenehmer machen und gemeinsam wachsen können.

Die wichtigste Einsicht ist: Wir müssen uns erst selbst liebevoll annehmen, bevor wir eine tiefe, liebevolle Beziehung zu anderen Menschen haben können. Diese Einsicht ist uralt; es ist eine der grundlegenden Ideen des Buddhismus. Unser Leben wird schlagartig einfacher und erfüllter, sobald es uns gelingt, uns selbst von ganzem Herzen zu mögen. Und da auch unser Partner nur dann glücklich und entspannt sein kann, wenn wir das selbst sind, führt die Entwicklung von Mitgefühl zu einer »Spirale der Harmonie«. Denn es geht ja weiter: Wenn Ihr Partner zufrieden, entspannt und glücklich ist, wird es Ihnen wiederum leichter fallen, sich selbst anzunehmen …

Für eine gute, harmonische Beziehung gibt es natürlich kein Patentrezept. Schließlich ist jeder Mensch ein »Einzelstück«. Aber es gibt ganz sicher hilfreiche Strategien. Die vielleicht wichtigste finden wir auch in der Bibel: »Liebe deinen Nächsten, wie dich selbst.« Selbstverständlich macht es einen großen Unterschied, ob Sie mit einem eher introvertierten oder mit einem nach außen gewandten Menschen, mit einem Romantiker oder Realisten zusammen sind. Ich weiß nichts über Ihren Partner. Doch das Prinzip des Mitgefühls ist in jeder Beziehung, ja, in jeder Lebenslage wertvoll. Wenn Sie mit sich selbst und Ihrem Partner liebevoll, fürsorglich und mit Akzeptanz umgehen, werden Sie in Ihrer Beziehung wenig Stress und Frustration ertragen müssen.

Es wird hier vor allem darum gehen, was Sie praktisch tun können – denn Gedanken und Worte, seien sie auch noch so zutreffend, können nur wenig bewirken. Auf Selbsterkenntnis und das Umsetzen von (Selbst-)Mitgefühl im Alltag kommt es an.

**Ich wünsche Ihnen, dass Sie auf diesem Weg viele interessante und bereichernde Erfahrungen machen werden.**

# I. Das Geheimnis glücklicher Paare

Was ist wohl das Beste, was man erreichen kann? Viel Geld? Gesundheit? Liebe? Das sind alles feine Sachen. Doch Geld macht bekannterweise nicht unbedingt glücklich. Gesundheit ist da schon viel besser. Doch wenn Sie kerngesund im Regen auf einer öden Insel im Atlantik sitzen, ist sie auch nicht das Allerhöchste. Liebe? Ach ja, die Liebe: Natürlich wollen Sie, ich, jeder geliebt werden – und lieben. Aber seltsamerweise kommt dann immer irgendetwas dazwischen …

Doch mit der Liebe sind wir schon auf einem guten Weg. Und am besten ist, wir fangen mit dem Menschen an, der uns am allernächsten steht – näher geht's gar nicht:

**Uns selbst.**

Und schon stellen wir fest, dass das alles gar nicht so einfach ist. Sich selbst zu lieben ist nicht so leicht, wenn man sich selbst nicht liebt. Das ist nicht anders als bei anderen Menschen. Auch da können wir uns nicht aussuchen, ob und wen wir lieben. So scheint es zumindest.

Bleiben wir also zunächst einmal ganz bei uns selbst. Ist es Zufall, ob wir uns selbst schätzen? Oder hängt es mit dem zusammen, was wir gelernt und getan haben?

Wenn Sie eines von beidem glauben, täuschen Sie sich. Die Liebe zu sich selbst ist etwas ganz anderes, nämlich eine Art und Weise zu denken und zu fühlen. Und wie Sie denken und fühlen, können Sie zwar nicht durch eine Willensentscheidung bestimmen, Sie können es aber lernen. Was auch immer Sie früher, von Eltern, Lehrern, Freunden, Kollegen oder Partnern gehört haben was auch immer Sie sich selbst vorgesagt haben: Sie können jeden Tag damit beginnen, sich in der Kunst des Selbstmitgefühls, der liebevollen Freundschaft mit sich selbst, zu üben.

Anstrengend ist das nicht. Im Gegenteil. Sie werden feststellen, dass die ganze Welt bunter und wärmer wird, wenn Sie gelernt haben, sich selbst zu mögen.

Dabei werden Sie viele weitere interessante Fähigkeiten gewinnen: Vor allem aber inneren Frieden und Gelassenheit. Und das sind genau die Dinge, die Beziehungen attraktiv, erfüllend und schön machen …

**Und was ist jetzt das Geheimnis glücklicher Paare?**

**Nun ganz einfach:** Dass keiner von beiden selbstverliebt ist, aber beide auch sich selbst lieben.

## Was ist Selbstmitgefühl?

Bevor ich darauf komme, was Menschen, die sich lange mit dem Thema beschäftigt haben, zu Mitgefühl und Selbstmitgefühl zu sagen haben, möchte ich Ihnen vorschlagen, sich erst einmal selbst ein paar Gedanken darüber zu machen, was Mitgefühl und Selbstliebe *für Sie* bedeuten – und was *Sie meinen*, was diese Dinge für Ihre Beziehung bedeuten könnten.

*Mitgefühl ist für mich:*
*Sanft Stabilität*

*Empathie*
*Nähe*
*& Offenheit*

*Selbstliebe bedeutet für mich:*
*Verbundenheit*
*Wärme*

*Annahme → Ja!*
*Akzeptanz*
*Hingabe/Vertrautheit*

*Für meine Beziehung bedeutet das:*
*Ja zu dem was ist*
*Zalamen*
*Reslamen*

*Ja zu Andersartigkeit*
*Akzeptanz Ja/Ja*

Lassen Sie die Punkte, die Sie gefunden haben, nicht isoliert stehen – verbinden Sie alles, was *für Sie* zusammengehört, mit Linien. Dann haben Sie schon ein gutes Bild davon, wie dies alles zusammenhängen könnte.

Und nun noch ein paar Worte zu dem, was andere sagen. Das ist nicht unbedingt richtiger und wichtiger als das, was Sie gerade herausgefunden haben (wenn Sie nicht geschummelt und das übersprungen haben) – doch vielleicht gibt es Ihnen ein paar weitere Anregungen.

Zunächst einmal unterscheide ich nicht sonderlich zwischen Mitgefühl und Selbstmitgefühl. Und dafür habe ich natürlich einen guten Grund: Beide gehen nahtlos ineinander über – und Mitgefühl ohne Selbstmitgefühl ist kaum möglich. Meist schließe ich der Einfachheit halber Selbstmitgefühl im Begriff Mitgefühl ein, denn ich meine, dass es tatsächlich nur unterschiedliche Aspekte der Herzensgüte sind. Auch an den folgenden gängigen Definitionen können Sie das erkennen:

- Mitgefühl ist die Fähigkeit, sich selbst und andere in ihren Bedürfnissen wahrzunehmen.
- Mitgefühl ist eine Form der Verbundenheit, die es ermöglicht, eigenes oder fremdes Leid und Schmerz zu empfinden und beinhaltet den Wunsch, sich oder den anderen von diesem Leiden zu befreien.
- Selbstmitgefühl ist die Bereitschaft, sich ebenso um sich selbst zu kümmern, wie man es bei einem guten Freund oder einer Freundin täte.

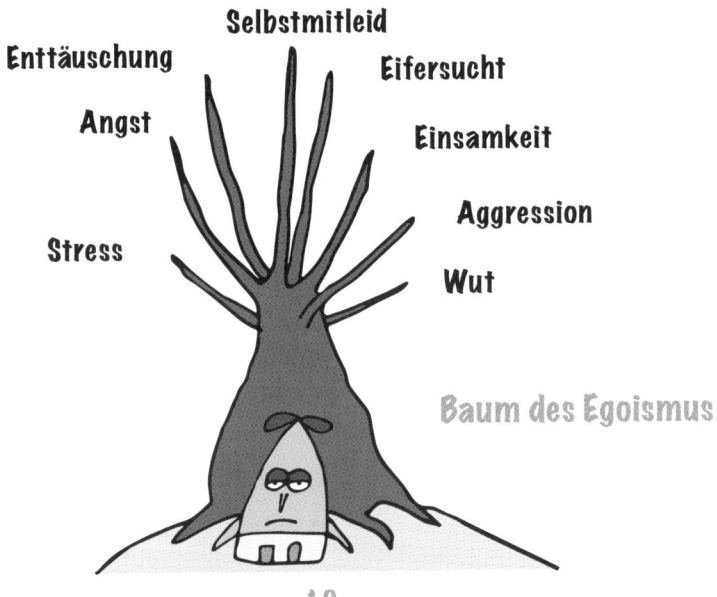

**Selbstmitleid**

**Enttäuschung**

**Eifersucht**

**Angst**

**Einsamkeit**

**Aggression**

**Stress**

**Wut**

Baum des Egoismus

**Baum der Selbstliebe**

### Der Baum der Selbstliebe

*Selbstmitgefühl* ist wie die Wurzel eines Baumes – wenn er gepflegt wird, wird er groß und stark und trägt viele Früchte. Vernachlässigt man ihn, wird er nicht wachsen können. Die Liebe zu sich selbst ist eine Pflanze, die aktive Zuwendung braucht – sonst geschieht es leicht, dass sich Unkraut breit macht. Und dieses Unkraut kann sogar giftig sein ...

Sehen Sie sich einmal den »Baum der Selbstliebe« an – und den »Baum des Egoismus«. Die Bäume sehen auf den ersten Blick ähnlich aus. Doch Sie erkennen den Unterschied sofort an den Früchten.

Die Bäume sind nur ganz grob gezeichnet – versuchen Sie, weitere Äste zu finden, und zeichnen Sie ein, was Sie finden.

# Was Mitgefühl nicht ist

Es gibt gar nicht wenige Menschen, für die das Wort »Mitgefühl« nicht eindeutig positiv besetzt ist. Das liegt wohl auch an einigen Missverständnissen. Daher wollen wir uns, bevor wir uns ansehen, was Mitgefühl eigentlich ist, erst einmal damit beschäftigen, was es *nicht* ist:

## Mitgefühl ist nicht Mitleid

Mitleid hat etwas von Überheblichkeit. Man blickt von der Warte des Starken auf den Schwachen herab. Mitgefühl ist hingegen eine Begegnung auf Augenhöhe. Dem, der bemitleidet wird, gibt man die milde (und preiswerte) Gabe seines Mitleids – dem es (glücklicherweise, denkt man dabei) viel schlechter geht als mir. Mitleid ist dann nur eine etwas verdrehte Methode, sich besser zu fühlen als andere – anstatt etwas an sich oder den Umständen zu ändern, leidet man mit und glaubt, das reicht.

Und wer sich selbst bemitleidet, der kreist ständig nur um seine eigenen Probleme, anstatt nach Lösungen und neuen Wegen zu suchen. Selbstmitleid führt zu der unangenehmen Gewohnheit des Jammerns.

Mit*leid* führt zur Lähmung, zu Unwohlsein und weniger Energie. Mit*gefühl* schenkt uns hingegen Kraft. Wer andere bemitleidet, vergrößert das Leid, indem er fremden Schmerz dem eigenen hinzufügt – wer mitfühlend ist, fühlt mit dem anderen und ist motiviert, etwas zu tun. Mitleid ist kaum mehr als Sentimentalität. Mitgefühl ist klares Hinsehen.

Diese Verwechslung von »Mitleid« und »Mitgefühl« ist in gewisser Weise verständlich; denn das »Gefühl« in »Mitgefühl« täuscht. Mitgefühl ist nämlich gar kein Gefühl! Es ist eine **Fähigkeit**, die wir, wie Achtsamkeit, durch Übung entwickeln können und die uns gut tut.

## Selbstmitgefühl ist kein Egoismus

Mitgefühl gegenüber sich selbst zu üben ist alles andere als ein Kreisen um sich selbst. Es ist eine wichtige Voraussetzung dafür, sich selbst und anderen gegenüber öffnen zu können und in Harmonie mit anderen zu leben. Denn wenn es uns nicht einmal gelingt, uns selbst freundlich und verständnisvoll zu behandeln, wie sollte es uns dann mit anderen gelingen?

Selbstmitgefühl hat also mit Selbstverliebtheit, Egoismus oder Narzissmus überhaupt nichts zu tun. Bei dem Bibelwort »Liebe deinen Nächsten wie dich selbst« geht es um »dich selbst« ebenso, wie um »deinen Nächsten«. Denn nur wer mit sich selbst fühlen kann, ist auch dazu in der Lage, mit anderen zu fühlen. Wer hingegen egoistisch ist, missachtet andere Menschen.

*Liebe deinen Partner ... wie dich selbst! Die Waage muss im Gleichgewicht sein.*

## Mitgefühl ist keine rosa Brille

In der Herzmeditation kommen kurze, kraftvolle »Affirmationen« vor, wie Sie es vielleicht schon einmal beim sogenannten »Positiven Denken« gehört haben. Doch bei der Meditation geht nicht im Entferntesten darum, uns die Wirklichkeit schönzureden, in der Hoffnung, dass sie dann besser würde. Schon gar nicht geht es darum, Probleme zu verdrängen oder den Kopf in den Sand zu stecken, wenn es schwierig wird. Wir versuchen nicht, das Leben durch eine rosarote Brille zu sehen und uns einzureden, die Welt sei rosarot und zuckersüß. Wenn wir Mitgefühl üben, geht es nicht um schöne Worte und Autosuggestion, um uns zu beruhigen. Das Ziel der Mitgefühlsübung ist es, den Geist zu öffnen und wohlwollende Absichten einzuüben – ganz einfach, weil es dann uns selbst und anderen besser geht. Die Wirklichkeit braucht keinen Zuckerguss, um angenehmer zu sein.

Ist Ihnen das alles viel zu theoretisch? Klar – aber im dritten Teil dieses Buches geht es ganz um die Praxis: Dort werden Sie auch eine Form der Herzmeditation lernen.

# Die Grundlagen des Mitgefühls

Was Mitgefühl ist, wird Ihnen sicher noch klarer, wenn Sie einen Blick auf seine wichtigsten Prinzipien werfen:

## — Achtsamkeit —

Mitgefühl ist eine besondere Form von Achtsamkeit. Es ist Achtsamkeit, die sich auf die Entwicklung fürsorglicher Gedanken und Gefühle richtet. Mitgefühl ist die »Achtsamkeit des Herzens«. Wer achtsam ist, kann genau spüren, wie es ihm *wirklich* geht, wie sich sein Körper *tatsächlich* anfühlt, was er *wirklich* gerade fühlt und denkt.

Achtsamkeit bedeutet, zu sehen, was ist. Es bedeutet aufzuhören, alles ständig zu bewerten und zu beurteilen. Denn das tun wir leider fast immer: Wir bewerten unsere Handlungen, unsere automatischen Reaktionen oder die unseres Partners, ohne hinzusehen, was *wirklich* da ist.

Achtsamkeit ist eine Fähigkeit, die wir lernen können. Dabei üben wir, den gegenwärtigen Augenblick klar wahrzunehmen, urteilsfrei anzunehmen und mit dem Augenblick verbunden zu bleiben – gerade auch in schwierigen Lebenssituationen und wenn wir mit problematischen Gefühlen kämpfen. Wenn wir achtsam sind, treten wir sozusagen einen Schritt zurück, atmen einmal tief durch und gewinnen ein Stück Objektivität. Wir sehen, was ist, ohne uns gleich in Gefühlsverwirrungen zu verlieren.

## — Offenheit —

Mit Offenheit fällt es uns viel leichter, uns auf den Fluss des Lebens einzulassen. Sie schützt uns davor, das Leben in Schubladen zu stecken. Wenn wir Mitgefühl oder Selbstmitgefühl entwickeln, sind unsere Vorurteile und festgelegten Meinungen oft ein Hindernis. Dieses Hindernis zu überwinden ist gerade in einer Liebesbeziehung von großer Bedeutung. Können wir die Wirklichkeit auch akzeptieren, wenn sie nicht mit unseren Idealvorstellungen übereinstimmt, werden wir entspannter sein und mehr Nähe und Vertrauen aufbauen können? Gelingt es uns, offen, zugänglich und aufgeschlossen zu bleiben, erscheint Mitgefühl ganz von selbst.

## — Selbstakzeptanz —

Selbstakzeptanz und Offenheit hängen miteinander zusammen. Und beide sind wichtige Bestandteile des Mitgefühls und des Selbstmitgefühl. Carl Rogers, der Vater der Gesprächstherapie, hat einmal gesagt, dass wir uns selbst nur dadurch verändern, dass wir uns so akzeptieren, wie wir sind. In diesem Satz steckt viel Weisheit. Akzeptieren wir uns selbst, verändern wir uns ganz allmählich und werden freier.

Wir tun also gut daran, zu üben, geduldiger mit uns umzugehen und auch unsere Fehler und Schwächen zu akzeptieren. Das hat nichts damit zu tun, die Hände in den Schoß zu legen und zu resignieren. Natürlich ist Entwicklung wichtig, und natürlich ist es oft nötig, eine neue Richtung einzuschlagen. Doch bevor wir einen neuen Weg gehen, sollten wir wissen, wo wir uns befinden – sonst gehen wir nur in die Irre und steigern unsere Unzufriedenheit. Daher ist es so wichtig, dass wir erst einmal lernen, uns selbst zu akzeptieren und loszulassen.

## — Selbstfreundlichkeit —

Der Dalai Lama spricht oft über seine »Religion der Freundlichkeit« – und tatsächlich ließen sich die meisten Probleme auf dieser Erde lösen, wenn Trennung und Feindschaft durch Verbundenheit und Freundschaft ersetzt werden könnten.

Üben wir uns in Mitgefühl, lernen wir, auf unsere eigenen Schwierigkeiten genauso zu reagieren, als wären es die eines guten Freundes. Es braucht keine Urteile, Analysen, Bewertungen und Patentlösungen. Es ist viel einfacher: Wir müssen erst einmal nur Verständnis für die *eigene* Situation entwickeln und freundlich zu uns selbst sein. Wenn wir gut für uns sorgen und uns selbst Warmherzigkeit entgegenbringen, auch wenn es gerade schwer fällt – dann praktizieren wir Selbstfreundlichkeit.

## — Verständnis —

Wenn das Verständnis fehlt, wird alles schwerer. Doch der Satz »Alles verstehen heißt, alles verzeihen« löst oft Widerstände aus. Das liegt aber oft an einem Missverständnis. »Alles verzeihen« bedeutet ja nicht etwa »Alles gutheißen«! Doch indem wir mitfühlender werden, gelingt es uns immer besser, uns in den anderen hineinzuversetzen. Wir erkennen, dass Fehler ganz normal sind. Bemühen wir uns um wahres Verständnis, öffnen wir unser Herz. Dabei ist es nicht nötig, Gedanken lesen zu können. Es geht um unsere Möglichkeit, ein anderes Verhalten verstehen zu können. Wir müssen dazu nicht die »Wahrheit« kennen. Allein dadurch, dass wir uns Gründe für ein negatives Verhalten, das wir nicht gutheißen, vorstellen können, wird es uns viel leichter fallen, mit unseren Gefühlen umzugehen und gelassener zu bleiben.

## — Verbundenheit —

Die Verbundenheit mit anderen Menschen ist etwas, das jedem Menschen gut tut. Durch Selbstmitgefühl können Sie sich mit Ihren »inneren Persönlichkeiten« verbunden fühlen, und durch Mitgefühl sind Sie mit anderen Menschen verbunden. Das Gefühl der Verbundenheit hilft Ihnen, den großen Zusammenhang im Auge zu behalten. Sie werden sich nicht isoliert fühlen und werden Fehlschläge und Frustrationen weitaus weniger als Ihr Problem empfinden, denn Sie erkennen, dass es Ihnen wie allen Menschen geht. Erfolg und Misserfolg gehören, ebenso wie Angst, Traurigkeit oder Wut, zu den ganz normalen menschlichen Erfahrungen.

Wir alle sind Menschen. Das verbindet uns alle viel mehr als uns Religionen, Hautfarben oder Meinungen trennen können. Die Übung des Mitgefühls hilft uns, dies nicht theoretisch zu erkennen, sondern es mit dem Herzen zu fühlen.

Spürt unser Partner, dass wir für ihn da sind, dass wir nicht in Konkurrenz mit ihm stehen, dass wir ihn nicht ständig bewerten und beurteilen und in schwierigen Lebenslagen an seiner Seite stehen, legen wir die Grundlage für eine enge Verbundenheit. Das ist kein frommer Wunsch oder eine moralische Forderung. Es gibt Studien, die deutlich zeigen, dass Menschen mit unsicheren Bindungen weniger Selbstvertrauen, Lebensfreude und Selbstmitgefühl haben.

Mitgefühl lehrt uns, die Aufmerksamkeit nicht auf das zu richten, was uns von anderen trennt, sondern darauf, was uns verbindet. Und das ist viel, viel mehr.

> *»So mancher scheint beim ersten Blick verschlossen,*
> *starr und eisig kühl. Doch birgt sein Herz, für den,*
> *der sucht, den reichsten Schatz an Mitgefühl.«*

(Carl Friedrich Wilhelm Jordan, Stammbuchvers. Aus: Strophen und Stäbe.
Frankfurt a. M.: W. Jordans Selbstverlag, 1871. S. 198)

# Von der Kunst, gut für sich zu sorgen

Es ist schon erstaunlich, dass sich so viele Menschen um ihr materielles Wohlergehen sorgen, aber darüber ganz vergessen, dass das nur sehr begrenzt zufrieden macht. Wirklich für sich selbst zu sorgen ist eine Art Kunst. Und für die »Kunst, gut für sich zu sorgen« brauchen Sie ganz wenig: Achtsamkeit, Gelassenheit und Mitgefühl.

Gut für sich zu sorgen bedeutet, dass Sie Ihre wahren Bedürfnisse erkennen. Schon das ist keineswegs selbstverständlich. Doch es ist auch nicht wirklich schwierig. Dazu müssen Sie nur erst einmal lernen, sich offen, ohne Selbsttäuschung und mit viel Mitgefühl zu betrachten. Und dann können Sie daran gehen, sich diese Bedürfnisse, die sich nicht durch Geld kaufen lassen, zu erfüllen.

Eines der großen Bedürfnisse, die alle Menschen teilen, ist zu lieben und geliebt zu werden. Tatsächlich ist menschliche Nähe das einzige Bedürfnis, das sich ein erwachsener Mensch nicht selbst erfüllen kann. Logischerweise ist dazu immer mindestens ein anderer Mensch nötig.

Eine liebevolle Partnerschaft braucht aber erst in zweiter Linie den anderen. Die Voraussetzung, dass jemand einen festen Platz in Ihrem Herzen einnehmen kann, ist, dass dort Raum genug ist. Wenn das Herz mit Sorgen, Ängste, Egoismus oder Wut erfüllt ist – wie soll dort tiefe Liebe Platz finden?

Der Weg, sein Herz zu weiten, ist Mitgefühl. Und zwar erst einmal mit dem Menschen, der Ihnen näher als jeder andere steht: Sie selbst! Sorgen Sie gut für sich selbst – dann werden Sie Frieden, Gelassenheit und Mitgefühl entwickeln. Wie sollte dann Ihre Partnerschaft nicht harmonisch sein?

# Die wissenschaftliche Erforschung des Mitgefühls

Wissenschaftler sind von Berufs wegen neugierig. Und so begannen sie vor einige Jahren auch damit, die Wirkungen von Mitgefühl intensiv zu untersuchen. Dank der weltweiten Studien zu Mitgefühl und seinen Auswirkungen wissen wir heute mehr, als uns die reine Intuition sagt. Die (Selbst-)Mitgefühlsforschung überschneidet sich zu einem nicht unbeträchtlichen Teil mit der Achtsamkeitsforschung. Das ist auch kein Wunder, denn es wird immer deutlicher, dass Selbstmitgefühl die Fähigkeit zu mehr Achtsamkeit erhöht und umgekehrt.

$$\sum_{K=1}^{k=m} \frac{z^4 \, \pi}{(1+n)^r \sqrt{q}}$$

Die Methoden der Forscher sind sehr faszinierend. Es sind nicht etwa nur Befragungen und äußere Beobachtungen. Mit modernen bildgebenden Verfahren, wie der Magnetresonanztomografie, kann man die Vorgänge im lebenden, aktiven Gehirn eines Menschen betrachten. Und diese Untersuchungen bestätigten, dass schon wenige Wochen gezielte Übung des Mitgefühls ausreichen, um Gehirnbereiche, die mit Gelassenheit, Zufriedenheit und Freude zusammenhängen, deutlich zu aktivieren. Man konnte also tatsächlich erkennen, dass Mitgefühl glücklicher macht! Auch bei seelischen Erkrankungen, wie Depressionen, Burn-out, Angst oder Schlafstörungen zeigte sich, dass ein mehrwöchiges, auf die Entwicklung von Mitgefühl gerichtetes Training besser wirkt als Medikamente.

Kontrollierte Studien mit klinischen und nichtklinischen Probanden sowie Untersuchungen mit Teilnehmern von Mitgefühlskursen zeigten in beeindruckender Weise die vielfältigen Wirkungen der Mitgefühlspraxis:

* Die emotionale Widerstandsfähigkeit (Resilienz) wird stärker, sodass man besser und entspannter mit stressigen Situationen umgehen kann.

* Die Achtsamkeit und Konzentrationsfähigkeit wird erhöht.

* Grübelspiralen werden schneller durchbrochen und Sorgen, Ängste und Depressionen werden gelindert.

* Das Immunsystem wird stärker und die Selbstheilung aktiviert.

* Die emotionale Intelligenz steigt, sodass sich das Einfühlungsvermögen für sich und andere entwickelt.
* Optimismus, Kreativität und Spontaneität werden gestärkt.
* Es fällt leichter, tolerant zu reagieren und sich und anderen leichter zu verzeihen.

Natürlich haben die Wissenschaftler nicht alles lückenlos untersuchen können. Interessant ist es daher auch, Teilnehmer von Kursen zu Achtsamkeit, Mitgefühl und Selbstmitgefühl zu befragen. Von diesen Menschen hört man noch viel mehr über die positiven Wirkungen. Oft berichten sie über eine erhöhte Empfindungsfähigkeit, sie haben den Eindruck, sich leichter von Wertungen befreien und freundlicher mit ihren Mitmenschen umgehen zu können, sie sagen, dass sie gelassener wurden, leichter Freunde fanden, weniger stritten und ihre Bedürfnisse und Ziele besser wahrnehmen konnten. Vor allem aber berichten sie oft darüber, wie sie auch in schwierigen Situationen geduldiger mit sich und anderen, vor allem auch ihrem Partner, waren.

**Es lohnt sich also!**

Und vielleicht fallen Ihnen noch mehr positive Wirkungen ein, die Sie gleich hier notieren können:

_____

_____

_____

_____

_____

_____

## Wer hat's erfunden?

*Selbstmitgefühl, Selbstfürsorge, Selbstliebe* oder englisch

### »Self-Compassion«

ist ein Thema, das heute viel Interesse findet. Doch natürlich sind die dahinter stehenden Gedanken alles andere als neu. Das Üben des Mitgefühls ist seit über 2.000 Jahren buddhistische Praxis – und in den vielen Jahren haben die Menschen natürlich viele Erfahrungen gesammelt, wie sich Mitgefühl entwickeln lässt. Im Buddhismus gibt es den Begriff »**Metta**«, der soviel wie »**freundliches Wohlwollen**«, »**liebende Güte**« oder eben auch »**Mitgefühl**« bedeutet. Teile der buddhistischen Herzmeditation finden sich in abgewandelter Form auch in allen modernen Übungen zur Entwicklung von Mitgefühl.

Die Sätze, die man während der Herzmeditation wiederholt, bauen Vertrauen und Geborgenheit auf und befreien uns von negativen Gedankenmustern. Und vor allem stärken sie auch die emotionale Verbundenheit zu unseren eigenen Bedürfnissen – und denen unseres Partners.

Im dritten Teil dieses Büchleins, ab Seite 40, werde ich Ihnen ein Selbstmitgefühlsprogramm vorstellen; und dabei werden Sie auch eine

### Herzmeditation

kennenlernen.

# »Es ist okay, so wie es ist.« – Die Philosophie der Gelassenheit

Es ist verblüffend, wie eng die wirklich wichtigen Dinge im Leben zusammenhängen. Achtsamkeit ist wichtig, Liebe und Mitgefühl sind wichtig, Zufriedenheit ist wichtig – und sie alle sind Wege zur Gelassenheit und gleichzeitig Früchte von Gelassenheit.

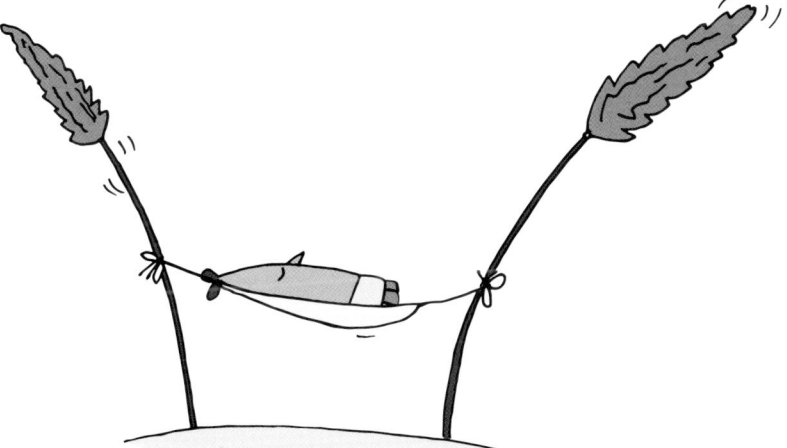

Vielleicht ist Gelassenheit das Wichtigste überhaupt. Sie können sich alle möglichen schönen Dinge vorstellen – doch was sind diese Dinge wert, wenn Sie sich sorgen, dass Sie sie verlieren können? Und nun denken Sie sich das einmal umgekehrt: Wenn Sie sich alle möglichen Unglücksfälle des Schicksals vorstellen, aber wüssten, dass Sie sie gelassen hinnehmen können – wäre das nicht allem anderen vorzuziehen?

Doch wie gesagt: Das Gute hängt zusammen. Und so werden Sie dadurch, dass Sie sich in Achtsamkeit und Mitgefühl üben, auch immer mehr Gelassenheit entwickeln. Gelassenheit tut Ihrer Seele gut. Ihrem ganzen Leben! Und natürlich ganz besonders Ihrer Beziehung. Gelassenheit lässt sich lernen. Es gibt viele Wege, die zur Gelassenheit führen – und den einfachsten Weg, werden Sie hier kennenlernen:

## Achtsamkeit, Mitgefühl und Selbstmitgefühl!

# Ein kleiner Test

Wie ist Ihre Fähigkeit zu Selbstmitgefühl entwickelt? Es ist schwierig, das selbst ohne Weiteres einzuschätzen. Ein Test kann das auch nicht wirklich – aber er kann Ihnen erste Hinweise geben. Selbstverständlich zeigt so ein Kurztest nicht Ihre Persönlichkeit, nur einen kleinen Teil davon; aber das ist doch schon etwas.

1. *Genießen Sie es, wenn Sie mit Ihrem Partner zusammen Zeit verbringen?*
   a) Eher nicht, es strengt mich oft an oder langweilt mich.
   b) Das schwankt stark; manchmal ja, manchmal gar nicht.
   c) Meistens schon.
   d) Ja, klar.

2. *Machen Sie sich manchmal Vorwürfe, dass Sie etwas falsch in der Beziehung gemacht haben?*
   a) Nein, wieso ich?
   b) Ja, oft.
   c) Manchmal, aber nicht sehr häufig.
   d) Kaum, wenn ich denke, dass ich etwas nicht gut gemacht habe, versuche ich es eben in Zukunft besser zu machen.

3. *Denken Sie oft daran, dass Ihre Beziehung zerbrechen könnte?*
   a) Nein, darüber will ich gar nicht nachdenken.
   b) Ziemlich oft, und das macht mir Angst.
   c) Oft nicht, aber manchmal.
   d) Sehr selten. Unsere Probleme lösen wir gemeinsam.

4. *Ich opfere mich für meinen Partner auf.*
   a) Auf keinen Fall!
   b) Auf jeden Fall!
   c) Vielleicht ein bisschen.
   d) Nein. Wir sind eben füreinander da.

**5.** *Ich bekomme wenig Positives in meiner Beziehung zurück.*

 **a)** Stimmt total. Das ist es, was falsch läuft.

 **b)** Ja, es ist wenig – und das macht es mir schwer.

  **c)** Manchmal wünsche ich mir tatsächlich etwas mehr Anerkennung.

 **d)** Nein, das stimmt überhaupt nicht.

### Auswertung

Geben Sie sich für jede **b)**-Antwort 1 Punkt, für jede **c)**-Antwort 2 Punkte und für jedes Mal, wo Sie mit **d)** geantwortet haben 4 Punkte. Die **a)**-Antworten zählen Sie gar nicht.

### ♡ 0 bis 4 Punkte

Was Ihnen gut gelingt, ist sich abzugrenzen. Ich vermute, Sie haben das Buch in die Hand genommen, weil Sie spüren, dass Ihre starke Hinwendung zu sich selbst keine richtige Selbstliebe ist – und dass sowohl Sie als auch Ihr Partner durch Achtsamkeit und **Mitgefühl** viel gewinnen können.

### ♡♡ 5 bis 10 Punkte

 Sie fühlen sich zurzeit wahrscheinlich nicht sehr wohl in Ihrer Beziehung. Sie haben das Gefühl, dass Sie mehr geben als Sie bekommen. Ich vermute, Sie suchen nach Schuld – bei sich selbst oder bei Ihrem Partner. Ich hoffe, Sie verstehen nach dem Durchlesen dieses Büchleins, warum Sie nicht nach Schuld suchen sollten, und dass Sie feststellen, dass Ihre Beziehung gut wird, wenn Sie lernen, sich gut zu fühlen.

 **11 bis 15 Punkte**

Sie haben schon ein ganz gutes intuitives Gespür dafür, was Ihnen und Ihrer Beziehung gut tut. Aber es ist noch zu viel Stress dabei und Sie fragen sich manchmal, wo Sie eigentlich bleiben. In diesem Buch möchte ich Ihnen zeigen, wie Sie mit ein bisschen Achtsamkeit und Selbstliebe Ihre Lebensqualität verbessern können – und natürlich auch Ihre Beziehung.

**16 bis 20 Punkte**

Gratulation. Es scheint, dass Sie dieses Büchlein gar nicht bräuchten. Aber vielleicht finden Sie doch noch ein paar Anregungen – für sich selbst oder Freunde …

Hier können Sie Ihre Anregungen notieren:

# II. Harmonie bewahren und miteinander wachsen

## Was willst du eigentlich?

**Eine Beziehung hat immer einen »Nutzen«.**

Uiii, das klingt aber unromantisch ... Sehen Sie trotzdem einmal hin, was Sie eigentlich wollen. Ich nehme an, dass »geliebt werden« eines ist, was Sie wollen. Das ist ein bisschen allgemein. Versuchen Sie, das in ein wenig konkretere Bedürfnisse zu fassen. Was erwarten Sie von Ihrer Beziehung?

Hören Sie in sich hinein ... und dann schreiben Sie es auf:

Ich möchte:

---------------------------------------------------------------

---------------------------------------------------------------

Ich sehne mich nach:

---------------------------------------------------------------

---------------------------------------------------------------

Ich brauche:

---------------------------------------------------------------

---------------------------------------------------------------

Ich wünsche mir von meinem Partner:

---------------------------------------------------------------

---------------------------------------------------------------

Ich habe das Bedürfnis:

---------------------------------------------------------------

---------------------------------------------------------------

Natürlich ist das Leben kein Wunschkonzert. Sie werden nicht immer alles bekommen, was Sie sich wünschen. Doch der erste Schritt ist, dass Sie Ihre Bedürfnisse überhaupt deutlich wahrnehmen. Um sich selbst lieben zu lernen, ist es ganz wichtig, sich selbst erst einmal zuzuhören.

Wenn Sie wissen, was Sie sich wirklich wünschen, können Sie auch leichter mit schwierigen Situationen in der Beziehung umgehen. Stellen Sie sich einfach die Frage:

**Erreiche ich mit dem, was ich tue, das, was ich mir wünsche?**

Das ist ein erstaunlich machtvoller Satz, wenn Sie ihn sich zur rechten Zeit ins Bewusstsein rufen. Probieren Sie das doch gleich einmal in Ihrer Vorstellung aus. Denken Sie an eine kritische Situation, beispielsweise, als Sie sich mit Ihrem Partner heftig gestritten haben. Stellen Sie sich vor, Sie wären jetzt gerade in dieser Situation. Vielleicht sind Sie gerade am Ausflippen und schreien herum oder sind sarkastisch oder weinen. Und nun rufen Sie sich den Satz ins Gedächtnis zurück:

**Erreiche ich mit dem, was ich tue, das, was ich mir wünsche?**

Es kann natürlich gut sein, dass Sie das gar nicht wissen. Aber meistens wissen Sie es im Grunde Ihres Herzens sehr gut. Wenn Sie Ihrem Partner Vorwürfe machen und laut werden – welche Chance besteht da wohl, dass geschieht, was Sie sich wünschen? Vielleicht tut Ihr Partner dann sogar, was Sie wollen, aber es geschieht wahrscheinlich nicht, was Sie sich emotional wünschen.

Ein Patentrezept dafür, dass alle Ihre Wünsche in Erfüllung gehen, gibt es natürlich nicht – aber ein Merksatz ist ein gutes Rezept dafür, die schlimmsten Irrwege zu vermeiden. Es geht dabei nicht etwa darum, alles »verkopft«, rational und logisch zu machen. Es geht einzig und allein darum, dass es Ihnen gut geht. Und die Frage an sich selbst,

**Erreiche ich mit dem, was ich tue, das, was ich mir wünsche?**

ist ein Schritt zu Entspannung und einem besseren Gefühl. Es fühlt sich nämlich immer besser an, die Kontrolle zu haben. Man muss natürlich nicht immer alles kontrollieren! Bloß nicht! Aber manchmal führen uns unsere Gefühle von uns selbst weg – und dann ist eine kurzer Blick nach innen sehr hilfreich, um unser wahres Selbst wiederzu finden.

# Du bist das Beste, was du hast

Sie können Ihren Partner verlieren, ihn verlassen oder verlassen werden. Doch sich selbst haben Sie immer bei sich. In diesem Zentrum, in Ihrer Mitte, sollten Sie sich wohlfühlen. Dann können Sie lieben, geliebt werden, sich in einer Beziehung oder sogar ohne Beziehung gut fühlen ... Und Verbindungen zu anderen Menschen finden.

Sie sind das Beste, was Sie haben. Pflegen Sie es! Und vergeuden Sie Ihre Zeit nicht mit Dingen, die Sie nur tun »müssen«. Sie müssen nämlich nicht – Sie müssen nur, wenn ......

Was müssen Sie tun, sein, darstellen? Und warum? Sie haben eine Antwort darauf gefunden? Weil ...... Gut. Aber fragen Sie weiter: Warum? Verfolgen Sie doch einmal die »Warum-Schlange«. So weit es geht. Sie lernen dabei immer mehr über Ihre wahren Bedürfnisse.

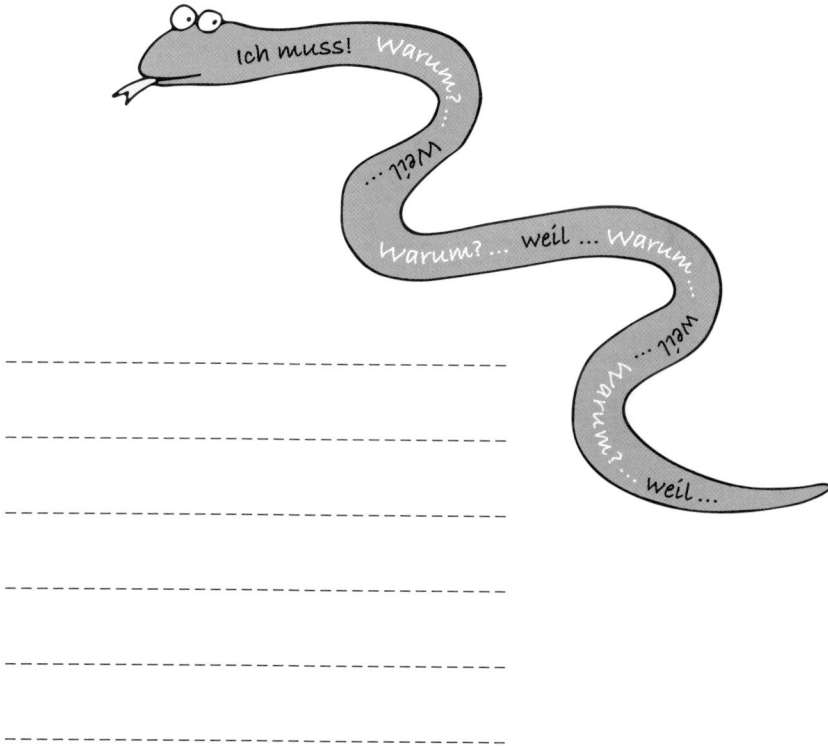

---

---

---

---

---

---

# Fünf Beziehungskiller
## und
## fünf Beziehungswärmer

Es gibt einige Dinge, die Gift für jede Beziehung sind: destruktive Kritik, Eifersucht, Vergleiche mit anderen, sich selbst abwerten und Klammern. Auf der anderen Seite stehen Fähigkeiten, die Ihre Beziehung stärken und Ihnen gut tun: einfühlsames Zuhören, Mitgefühl und Selbstmitgefühl, Authentizität, Gelassenheit und Humor.

Diese fünf »**Beziehungskiller** oder **-fallen**« und fünf »**Beziehungswärmer**« wollen wir uns nun einmal genauer ansehen. Hier möchte ich Ihnen vorerst ein paar Denkanregungen geben, die vielleicht den ein oder anderen Aha!-Effekt bei Ihnen auslösen – aber ich weiß natürlich gut, dass es damit nicht getan ist! Daher werden wir uns danach, ab Seite 40 ganz mit der praktischen Anwendung und der konkreten Übung beschäftigen.

Doch nun erst einmal ein paar der häufigsten »Fehler«, die in Beziehungen auftreten – und ein paar Ideen, wie es vielleicht besser geht.

Wenn Sie möchten, können Sie dabei einen kleinen Selbsttest machen: Zu jedem Punkt gibt es eine Frage, die Sie auf einer Skala von

1 = ☐ *(trifft überhaupt nicht auf mich zu)*

2 = ☐

3 = ☐

4 = ☐

5 = ☐

6 = ☐ *(trifft vollkommen auf mich zu)*

beantworten.

In den Kreis unten tragen Sie dann die Zahl ein.
Am Ende dieses Kapitels finden Sie dann eine kleine »**Testauswertung**«.

Ergebnis: ◯ *(bitte hier eintragen)*

## Beziehungskiller Nr. 1:
## Nörgeln, Streiten, schlechte Kommunikation

Auch in der besten Beziehung geht einem der Partner manchmal auf die Nerven. Es ist gar keine gute Idee, alles widerspruchslos zu schlucken und alles einer ständigen, perfekten Harmonie unterzuordnen. Auch das ist ein Beziehungskiller: Vor einem Sklaven hat niemand wirklich Respekt.

Auf der anderen Seite ist ständiges Nörgeln, Meckern und Belehren einer der häufigsten Beziehungskiller. Sie wollen Sie selbst sein – und das will auch Ihr Partner. Es ist wichtig, den anderen in seiner Persönlichkeit so zu lassen, wie er ist. Können Sie das nicht, haben Sie vielleicht den falschen Partner. Wahrscheinlicher aber ist, dass Sie die falsche Strategie haben.

Dass Sie Ihren Partner durch Nörgelei oder Belehrungen verändern, ist sehr unwahrscheinlich. In der Regel ist es ohnehin nicht wirklich der Partner, der Sie aufregt. Es lohnt sich, einmal hinzusehen, was hinter Ihrer Aufregung steckt. Vielleicht fühlen Sie sich nicht ernst genommen, nicht wertgeschätzt, nicht verstanden?
Überlegen Sie einmal:

Ich sage meinem Partner

-------------------------------------------------------------

-------------------------------------------------------------

Ich fühle mich dabei

-------------------------------------------------------------

-------------------------------------------------------------

Denken Sie immer, wenn Sie versucht sind zu meckern oder zu belehren:

**Erreiche ich mit dem, was ich tue, das, was ich mir wünsche?**

**Ich habe oft etwas an meinem Partner auszusetzen:**

1 = ☐ *(trifft überhaupt nicht auf mich zu)*
2 = ☐
3 = ☐
4 = ☐
5 = ☐
6 = ☐ *(trifft vollkommen auf mich zu)*

# Beziehungskiller Nr. 2:
# Eifersucht

Wenn Ihnen irgendetwas Gutes an Eifersucht einfällt: Vergessen Sie das. Eifersucht hat keine Vorteile – und sie hat nichts mit Liebe zu tun. Überprüfen Sie nur einmal den Sinn von Eifersucht mit dem universellen Prüfsatz:

**Erreiche ich mit dem, was ich tue, das, was ich mir wünsche?**

Im Fall von Eifersucht wird die Antwort immer »Nein« lauten. Außer natürlich, Sie wollen die Beziehung beenden oder sich schlecht fühlen. Dann ist Eifersucht ideal.

Natürlich hat auch Eifersucht nachvollziehbare Gründe: Angst vor Verlust und Schmerz durch das verletzte Selbstwertgefühl. Die Angst und der Schmerz sind real und können vielleicht sogar berechtigt sein – doch Eifersucht ist keine sinnvolle Reaktion.

Eifersucht ist doch ein Gefühl, und das kann man doch nicht so einfach ändern! Nein, einfach nicht. Doch die Alternative ist, nichts zu ändern und sich selbst und seiner Beziehung zu schaden. Stellen Sie sich Ihrer Angst und Ihrem Misstrauen, und helfen Sie Ihrem Selbstwertgefühl auf die Beine. Leichter gesagt als getan? Vielleicht. Sicher aber ist es leichter getan, als sich mit den Folgen der Eifersucht auseinanderzusetzen.

## Ich bin sehr eifersüchtig:

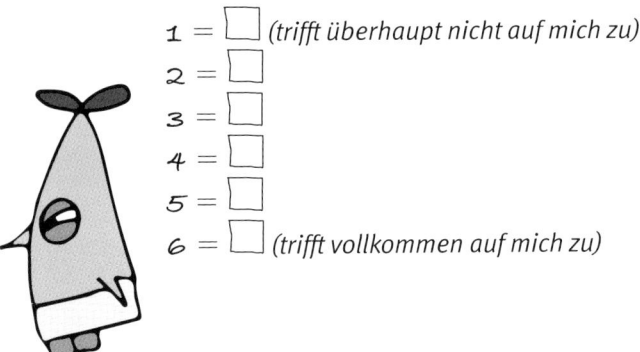

1 = ☐ *(trifft überhaupt nicht auf mich zu)*
2 = ☐
3 = ☐
4 = ☐
5 = ☐
6 = ☐ *(trifft vollkommen auf mich zu)*

# Beziehungskiller Nr. 3:
## Vergleichen

Die beste Methode, um Spannungen in Ihre Partnerschaft zu bringen, besteht darin, sich mit anderen Menschen zu vergleichen. Nicht nur den eigenen Partner mit ehemaligen oder vorgestellten anderen. Auch sich selbst mit anderen, sich selbst mit dem Partner und die eigene Beziehung mit der Beziehung anderer.

Vergleichen führt immer zu Unzufriedenheit. Aus mehreren Gründen: Erst einmal neigen wir dazu, vor allem das zu sehen, was wir nicht haben – das ist nichts Ungewöhnliches, sondern liegt daran, wie unser Gehirn beschaffen ist. Wenn Sie ein wenig darauf achten, können Sie schon besser vermeiden, in diese Falle zu geraten. Zum Zweiten sehen wir nur Ausschnitte aus dem Leben anderer, und zwar nicht irgendwelche, sondern solche, die öffentlich zu sehen und daher interessanter und »besser« erscheinen. Vor allem aber ist das Vergleichen eine Tätigkeit, die nichts anderes als Unzufriedenheit bringen kann, wenn Sie nicht ein wenig aufpassen.

Lassen Sie das Vergleichen. Und wenn Sie es doch tun, vergleichen Sie mit Mitgefühl. Am wichtigsten ist das Mitgefühl mit sich selbst und Ihrem Partner: Sie sind ok, wie Sie sind. Sie müssen nicht »besser« als andere Paare sein. Sie müssen nicht besser als Ihr Partner sein – und er nicht besser als Sie.

## Ich vergleiche mich, meinen Partner oder meine Beziehung oft mit anderen:

1 = ☐ (trifft überhaupt nicht auf mich zu)

2 = ☐

3 = ☐

4 = ☐

5 = ☐

6 = ☐ (trifft vollkommen auf mich zu)

## Beziehungskiller Nr. 4:
## Selbstabwertung

Bescheidenheit, Demut, über sich selbst lachen können und auch einmal Selbstkritik üben – das alles können gute Dinge sein, die Ihrer Beziehung gut tun. Nicht zuletzt auch der Beziehung zu sich selbst. Selbstabwertung ist jedoch etwas ganz anderes. Wenn Sie sich selbst abwerten, fühlen Sie sich nicht nur mies, sondern es wird auch Ihrer Beziehung schaden. Denn wenn Sie sich selbst abwerten, werden Sie nicht nur in Ihren Augen, sondern auch in denen des Partners weniger wert.

Vielleicht erkennen Sie gar nicht, dass Sie sich abwerten und glauben, Sie wären eben nur selbstkritisch. Sehen Sie sich einmal die folgende Checkliste an:

- Sie würden einen guten Freund mit denselben Worten kritisieren.
- Das Negative bezieht sich auf Ihr Verhalten, nicht auf Ihre Persönlichkeit.
- Sie finden nicht nur negative, sondern auch positive Aspekte.

Wenn Sie alle drei Punkte bejahen können, dann ist es tatsächlich wohl nur Selbstkritik und nicht Selbstabwertung. Wenn nicht: Lernen Sie unbedingt, freundlicher zu sich selbst zu sein.

Denken Sie einmal darüber nach, wovon Ihr Selbstwert abhängt. Von Erfolg, Aussehen, anderen Menschen? Keine gute Idee, denn so laufen sie ständig mit dem Selbstwertgefühl hinterher. Aber Sie **sind** wertvoll: Es gibt Sie nur ein einziges Mal im ganzen Universum, in allen Zeiten!

### Ich bin mir ein guter, einfühlsamer Freund:

1 = ☐ (trifft überhaupt nicht auf mich zu)
2 = ☐
3 = ☐
4 = ☐
5 = ☐
6 = ☐ (trifft vollkommen auf mich zu)

## Beziehungskiller Nr. 5:
## Klammern

Es gibt kaum etwas Unattraktiveres als jemanden, der sich an einen klammert. Denn man muss ja nur das festhalten, was nicht von selbst bei einem bleibt. Ein Strafgefangener beispielsweise muss eingesperrt werden, da er sonst entfliehen würde. Dabei fühlt er sich selbstverständlich nicht wohl. Ist es wirklich sinnvoll, dass sich Ihr Partner als Strafgefangener fühlt? Durch Klammern legen Sie ihm nahe, dass es für ihn Gründe geben müsste, Ihrer Beziehung zu entkommen.

Jeder Mensch soll frei sein – versucht man, seine Freiheit einzuschränken, versuchen wir aus dieser Lage zu entkommen. Während das im Falle eines Gefängnisses recht schwierig ist, geht das in einer Beziehung ganz schnell. Je mehr Sie sich an Ihren Partner klammern, desto unfreier wird er sich fühlen. Die Angst, die Beziehung zu verlieren, macht die Befürchtung manchmal erst berechtigt: Der Fluchtreflex, wenn man an seiner Bewegungsfreiheit gehindert wird, ist ganz automatisch. Klammern erzeugt den Fluchtreflex. Viel besser ist es, wenn Sie sich Ihrer Angst stellen. Das ist schwierig, doch es gibt keinen anderen Weg.
Und keinen, bei dem Sie mehr für sich selbst tun.

Will Ihr Partner tatsächlich nicht bei Ihnen bleiben, können Sie ihn durch Klammern nicht halten. Im Gegenteil. Und denken Sie an sich selbst: Sie haben etwas Besseres verdient, als einen Partner, der von Ihnen weg will!

## Ich neige zum Klammern:

1 = ☐ *(trifft überhaupt nicht auf mich zu)*
2 = ☐
3 = ☐
4 = ☐
5 = ☐
6 = ☐ *(trifft vollkommen auf mich zu)*

## Beziehungswärmer Nr. 1:
## Mitgefühl

Mitgefühl ist nicht dasselbe wie Mit**leid**. Und Selbstmitgefühl ist praktisch das Gegenteil von Selbstmitleid. Mitgefühl ist emotionale Wärme. Und wenn sich jemand verstanden fühlt, öffnet er sich.

 Das gilt für andere Menschen wie auch für Sie selbst. Denn Mitgefühl und Selbstmitgefühl sind Schwestern. Ja, Zwillinge: Ohne Mitgefühl gibt es kein Selbstmitgefühl, höchstens Selbstverliebtheit. Mitgefühl ist Voraussetzung dafür, mit sich selbst mitfühlen zu können – und das ist ein wichtiger Aspekt einer gesunden Beziehung.

 Es ist schon viel gewonnen, wenn Sie Ihre eigenen Gefühle wirklich kennen; doch so einfach ist das nicht. Denn oft verwechseln wir unsere Gefühle mit den *Interpretationen* unserer Gefühle. Und genauso ist es, nur noch viel stärker, mit den Gefühlen anderer. Auch mit den Gefühlen unseres Partners.

 Um sich wirklich einfühlen zu können, in sich selbst und in andere, ist immer wichtig, einen anderen Standpunkt einnehmen zu können. Sogar, und sogar gerade dann, wenn Sie sich liebevoll in sich selbst einfühlen.

 Wenn Sie versuchen mitzufühlen, was Ihr Partner empfindet, ist das nichts Mühevolles oder Unangenehmes. Mitgefühl fühlt sich immer gut an!

### Ich habe Mitgefühl mit anderen und mit mir selbst:

1 = ☐ *(trifft überhaupt nicht auf mich zu)*
2 = ☐
3 = ☐
4 = ☐
5 = ☐
6 = ☐ *(trifft vollkommen auf mich zu)*

## Beziehungswärmer Nr. 2:
## Zuhören

Interesse am anderen ist etwas, was jeder Beziehung *gut tut*: Alle Menschen sehnen sich nach Anerkennung. Interesse an dem, was sie denken, fühlen und tun ist eine starke Form der Anerkennung. Interesse an dem, was Ihr Gegenüber bewegt, ist aber in erster Linie etwas, das Ihnen selbst gut tut.

Erstens stärkt es Ihre Beziehung, zweitens erweitert es Ihre Möglichkeiten und drittens werden Sie sich besser fühlen, weil Sie merken werden, dass Sie viel mehr Kontrolle über das Geschehen haben. Das Interesse kann man tatsächlich üben. Das Zaubermittel dafür ist: Zuhören. Jeder möchte, dass man zuhört. Jeder möchte reden. Natürlich auch Sie – doch paradoxerweise wird Ihnen das viel besser gelingen, wenn Sie sich für Ihr Gegenüber interessieren. Wenn Sie also mit Ihrem Partner (oder mit anderen Menschen) sprechen, sehen Sie doch einmal was geschieht, wenn Sie mit Ihrer Aufmerksamkeit ganz bei dem bleiben, was der andere sagt. Überlegen Sie sich keine Antworten, während Ihr Gegenüber spricht, hören Sie nicht mit halbem Ohr und halbem Herzen zu.

Das hat gar nichts damit zu tun, ob Sie zustimmen oder nicht. Erst einmal hören Sie nur zu und versuchen, zu verstehen. Wenn Sie sich in der Kunst des Zuhörens üben, reden Sie weniger über sich selbst – dafür aber viel effektiver: Wenn Sie zuhören, was andere zu sagen haben, wird man viel eher bereit sein, auch Ihnen zuzuhören und das, was sie sagen, ernster nehmen. Und Sie werden ganz nebenbei üben, auch sich selbst und Ihren Bedürfnissen besser zuzuhören.

### Ich interessiere mich für das, was mein Partner sagt und tut:

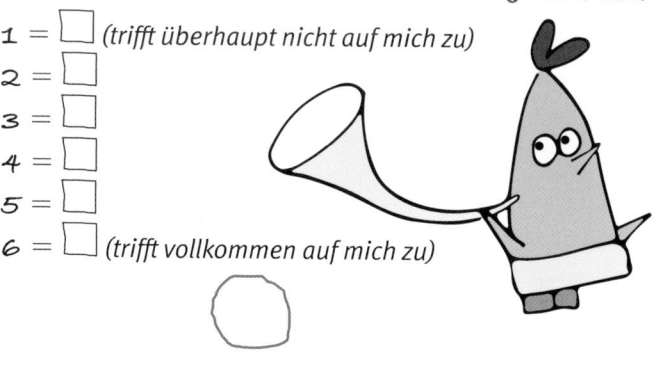

1 = ☐ *(trifft überhaupt nicht auf mich zu)*
2 = ☐
3 = ☐
4 = ☐
5 = ☐
6 = ☐ *(trifft vollkommen auf mich zu)*

## Beziehungswärmer Nr. 3:
## Authentizität

Es ist gar nicht so einfach, wirklich man selbst zu sein. Klingt das etwas komisch? Nun, es ist so, dass wir tatsächlich in der Regel nur selten ganz wir selbst sind – meist spielen wir irgendwelche Rollen. Wir versuchen, Erwartungen gerecht zu werden, eigenen oder denen anderer. Überlegen Sie einmal, welche Rollen Sie in Ihrer Beziehung spielen:

**1.** ----------------------------------------------------------------

**2.** ----------------------------------------------------------------

**3.** ----------------------------------------------------------------

Diese Rollenspiele führen leider im Laufe der Zeit fast immer zu Problemen in der Partnerschaft. Wenn Sie nicht Sie selbst sind: Wer ist es dann eigentlich, den Ihr Partner liebt? Sie möchten doch als Sie selbst geliebt und verstanden werden, nicht als jemand anderes, den Sie nur spielen! Ist es vielleicht so, dass Sie fürchten, man könne Sie nicht so lieben, wie Sie wirklich sind?

Doch, ganz bestimmt sogar. Wenn Sie authentisch und offen sind, hat das eine ganz besondere Kraft – die Sie attraktiver und einmaliger sein lässt. Je mehr Sie ganz Sie selbst sind, desto eher werden Sie auch Ihre Bedürfnisse erfüllen können, desto vertrauensvoller und tiefer kann Ihre Beziehung werden und desto wohler werden Sie sich in der Beziehung fühlen.

### Ich bin meistens ich selbst, ohne mich zu verstellen oder Rollen zu spielen:

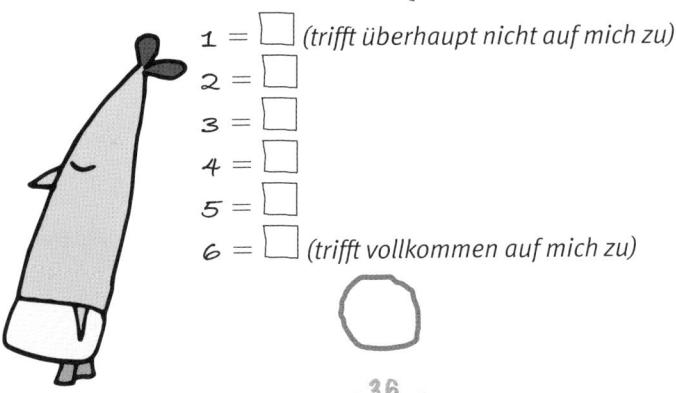

1 = ☐ *(trifft überhaupt nicht auf mich zu)*
2 = ☐
3 = ☐
4 = ☐
5 = ☐
6 = ☐ *(trifft vollkommen auf mich zu)*

## Beziehungswärmer Nr. 4: Humor

Humor ist einer der stärksten Beziehungswärmer.
Eine Beziehung, in der man nicht zusammen
lachen kann, ist eher eine Notgemeinschaft.
Wenn Sie sich selbst, die Welt und sogar
Ihre Beziehung mit Humor sehen können,
ist das wie ein Schaumbad für die Seele.

Humor heißt, etwas aus einem anderen
Blickwinkel sehen zu können – einem Blickwinkel, der ein Lächeln oder
sogar ein Lachen auf Ihr Gesicht zaubert, der die Sorgen kleiner und Sie
selbst strahlender erscheinen lässt.

Humor ist wohl von allen Dingen das, was am schwierigsten zu lernen
ist – doch ich glaube, es ist nicht unmöglich. Treten Sie immer wieder
innerlich einen Schritt zurück und suchen Sie aktiv nach einem Blickwinkel, von dem aus das Tragische etwas Komisches erhält.

Ihr Körper kann Ihnen bei der Suche helfen: Lächeln Sie – dann wird
es schon viel leichter, das entsprechende Gefühl zu empfinden. Gemeinsam lachen können– nichts macht eine Beziehung angenehmer und sta-
biler. Lachen erweitert das Herz und befreit. Je mehr Sie lachen können,
desto mehr werden Sie sich selbst annehmen und wertschätzen können.

Humor ist also auch ein hervorragendes Mittel, um Mitgefühl mit sich
selbst zu entwickeln.

### Ich nehme die Dinge mit Humor:

1 = ☐ (trifft überhaupt nicht auf mich zu)
2 = ☐
3 = ☐
4 = ☐
5 = ☐
6 = ☐ (trifft vollkommen auf mich zu)

## Beziehungswärmer Nr. 5:
## Gelassenheit

In »Gelassenheit« steckt »lassen«. Wie sieht es mit Ihrer Gelassenheit aus? Sehen Sie sich einmal die folgenden Aussagen an:

☐ *Ich lasse andere sein, wie sie sind.*

☐ *Ich halte mich nicht an Sorgen fest, sondern lassen sie ziehen.*

☐ *Ich lasse meinem Partner seine Eigenheiten, ohne dass es mich stört.*

☐ *Ich kann Menschen loslassen – mit Bedauern, aber ohne Leiden.*

☐ *Ich lasse geschehen, was geschieht und betrachte es mit Neugier.*

Machen Sie sich keine Sorgen, wenn Sie noch nicht alle Punkte abhaken konnten. Das ist ganz normal. Doch wenn Ihnen das Loslassen gelingt, wird Ihnen das sehr gut tun – unter anderem auch Ihrer Beziehung. Vor allem aber werden Sie ein wohliges Gefühl der Befreiung spüren. Sie werden freier sein, andere und vor allem auch sich selbst aus ganzem Herzen zu lieben. Das loszulassen, was einem gleichgültig ist, ist natürlich bedeutungslos. Wichtig ist, auch das loslassen zu können, was Ihnen etwas bedeutet. Dann haben Sie nämlich erst emotional verstanden, dass Sie die wichtigen Dinge ohnehin nicht mit Gewalt festhalten können. Gesundheit, Jugend, andere Menschen, Glück … Es ist schon seltsam: Je weniger Sie festhalten, desto eher bleibt das Gute bei Ihnen.

Das was Sie loslassen können, bleibt vielleicht nicht immer bei Ihnen. Das ist nichts, was Sie ändern können. Wenn Sie loslassen können, machen Sie es jedoch allem und jedem leichter, gern bei Ihnen zu bleiben.

## Ich bin ziemlich gelassen:

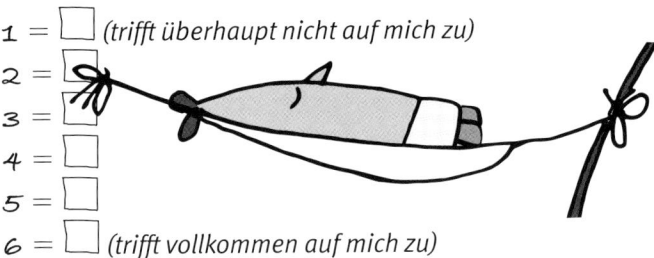

1 = ☐ *(trifft überhaupt nicht auf mich zu)*
2 = ☐
3 = ☐
4 = ☐
5 = ☐
6 = ☐ *(trifft vollkommen auf mich zu)*

# Auswertung

Zählen Sie die Zahlen der Fragen zu den **»Beziehungskillern«** zusammen und markieren Sie auf dem Glas in der Grafik (auf der linken Seite) Ihr Ergebnis. Dann zählen Sie die Zahlen der **»Beziehungswärmer«** zusammen und markieren Sie das Ergebnis auf der rechten Seite des Glases in der Grafik.

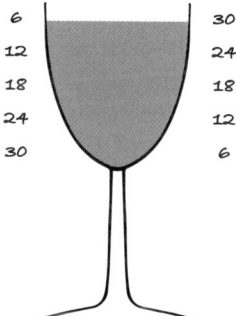

| | |
|---|---|
| 6 | 30 |
| 12 | 24 |
| 18 | 18 |
| 24 | 12 |
| 30 | 6 |

Jetzt verbinden Sie die beiden Punkte. Wenn Sie möchten, können Sie nun noch das Glas unterhalb der Linie, die Sie gerade eingezeichnet haben, ausmalen.

✱✱✱✱✱

Damit haben Sie ein Bild davon, wie gut Sie Beziehungskiller vermeiden und wie gut Sie darin sind, Beziehungswärmer in Ihr Leben zu bringen. Gibt es da ein Ungleichgewicht? Oder ist beides wenig ausgeprägt und das Glas insgesamt fast leer? Durch die Grafik sehen Sie unmittelbar, wo Sie ansetzen können.

Und wie Sie nun konkret vorgehen können, um das Glas ganz zu füllen, werde ich Ihnen in dem folgenden Kapitel erklären, wo es um ein Übungsprogramm für eine Beziehung in Liebe und Achtsamkeit geht. Denn alles, was Sie bisher gelesen haben, wird Ihnen wahrscheinlich einleuchten – doch dadurch allein ändert sich leider nur selten etwas.

## Aber durch Übung!

# III. Das 5-Wochen-übungsprogramm

Jetzt geht es richtig los! In fünf Wochen können Sie Ihrem Leben und Ihrer Beziehung eine Wende geben. In diesen fünf Wochen müssen Sie nicht hart trainieren oder Ihren Alltag völlig umkrempeln.

In jeder Woche werden Sie einen neuen Aspekt betrachten. Dazu möchte ich Ihnen Alltagsübungen vorstellen, die Sie ganz nebenher machen können. Oft werde ich Ihnen auch noch eine Übung vorstellen, zu der Sie sich tatsächlich 10 bis 15 Minuten hinsetzen müssen – und eine kleine Meditation durchführen.

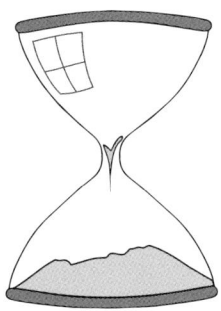

## Und darum wird es in den fünf Wochen gehen:

1. Woche: **Die Achtsamkeit verbessern**

2. Woche: **Auf die Kommunikation achten**

3. Woche: **Eine innere Quelle des Selbstmitgefühls kennenlernen**

4. Woche: **Die Herzmeditation üben**

5. Woche: **Die Kunst der Gelassenheit praktizieren**

Die Übungswochen bauen aufeinander auf, auch wenn das vielleicht nicht auf den ersten Blick zu sehen ist. Doch eine gute Kommunikation wird durch Achtsamkeit leichter. Der innere Dialog mit sich selbst wird durch klare Kommunikation erleichtert. Grundübungen in Selbstmitgefühl helfen dabei, umfassenderes Mitgefühl zu entwickeln – all diese Dinge sind Bausteine der Gelassenheit.

Und alles, was Sie in diesen fünf Wochen tun, trägt dazu bei, dass Sie sich wohler fühlen und Ihre Beziehung an Tiefe und Harmonie gewinnt.

Wenn Sie möchten, können Sie festhalten, wie sich Ihr Befinden im Laufe des Programms verändert. Es ist nämlich ziemlich schwierig, sich Gefühlszustände zu merken – und so glaubt man manchmal, dass sich gar nichts verändert hat, obwohl die Veränderungen drastisch sind.

Sie können, wie in der Legende vorgeschlagen, die Werte für jeden Tag mit farbigen Stiften markieren – oder auch nur eine oder zwei von den Aussagen bewerten. Eines ist sicher:

**Der Verlauf der Kurven wird interessant werden!**

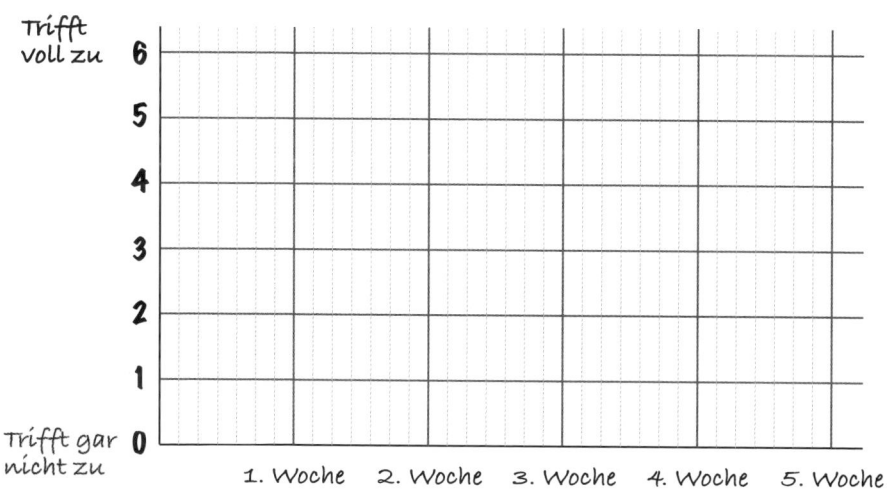

**Rote Linie:** Ich bin wie ich bin und das ist ok so.

**Blaue Linie:** Ich bin zufrieden mit meinem Leben.

**Güne Linie:** In meiner Beziehung läuft es gut.

**Schwarze Linie:** Gesundheitlich geht es mir bestens.

# 1. Woche: Lass es sein!

In der ersten Woche ist das Thema »Achtsamkeit«. Achtsamkeit ist das Innehalten und Wahrnehmen, was wirklich da ist. Das Geheimnis der Achtsamkeit liegt darin, einfach achtsam zu sein.

## Achtsamkeit hat drei wichtige Eigenschaften:

* Sie ist absichtsvoll, also nicht unbewusst oder durch die Umstände bedingt.
* Sie richtet sich auf den gegenwärtigen Moment, also nicht auf Vergangenheit oder die Zukunft.
* Sie ist nicht wertend, nimmt also keine Urteile und Bewertungen vor, sondern bleibt ganz bei der Wahrnehmung.

Durch Achtsamkeit werden Sie inneren Freiraum gewinnen. Obwohl Sie doch »nur« eine Situation genau wahrnehmen, verändern Sie allein dadurch die Situation. Sie gewinnen neue Wahlmöglichkeiten – erstaunlicherweise dadurch, dass Sie nicht handeln, sondern einfach nur genau hinsehen. *Und genau das wollen wir diese Woche einmal ausgiebig tun.*

## Einstiegsübung: Was ist JETZT?

Bestimmt meinen Sie, dass Sie wissen, was Sie jetzt gerade tun. Ok – und nun sehen Sie einmal genau hin. Nehmen Sie sich für jeden Punkt ein bisschen Zeit. Nur ein paar Sekunden, bis Sie es wirklich genau wahrnehmen.

- *Wie berühren Ihre Fußsohlen den Boden?*
- *Was tun Ihre Finger in diesem Augenblick?*
- *Spüren Sie Ihren Mund und Ihre Mundhöhle.*
- *Was macht Ihr Atem?*
- *Wie fühlen sich Ihre Schultern an?*
- *Was hören Sie in diesem Moment?*
- *Was fühlen Sie gerade? Was denken Sie gerade?*

Ist Ihnen aufgefallen, dass, wenn Sie Ihre Aufmerksamkeit auf unterschiedliche Dinge richten, plötzlich alles viel intensiver und klarer ist? Dass auf einmal mehr da zu sein scheint? Ist es aber nicht. Es ist natürlich immer alles da. Doch das Kreisen von Gedanken, Gefühlen, Wünschen usw. macht vieles unsichtbar.

## Beziehungsübung: Was passiert gerade?

Und nun können Sie das schon einmal in Ihrer Beziehung anwenden. Wann immer Situationen auftauchen, die nicht ganz befriedigend sind, reagieren Sie nicht gleich. Sehen Sie erst einmal hin.

- *Verspannen sich Muskeln?*
- *Verändert sich Ihre Atmung?*
- *Was geschieht in Ihren Gedanken und Gefühlen?*

Greifen Sie dabei nicht ein, bewerten Sie es nicht, versuchen Sie nicht, etwas zu verändern. Nehmen Sie es einfach nur einmal wahr. Es würde mich überhaupt nicht erstaunen, wenn sich allein dadurch schon etwas ändert ...

## Alltagsübung: Innehalten

Achtsamkeit ist, wie Sie nun schon festgestellt haben, nichts, was anstrengt oder mühsam ist. Doch es erfordert den Impuls, die Achtsamkeit »einschalten« zu wollen. Sie können nicht ständig achtsam sein.

Buddhistische Mönche können das – aber die üben auch jeden Tag, stundenlang, jahrelang. Sie müssen nicht stundenlang täglich üben, schon gar nicht jahrelang, um etwas mehr Achtsamkeit in Ihren Alltag zu bringen. Doch Übung ist schon wichtig.

Machen Sie es sich daher – zunächst einmal nur diese eine Woche – zur Gewohnheit, immer wieder innezuhalten und hinzusehen, was in diesem Augenblick gerade passiert. Auch wenn nichts zu passieren scheint. Das unterbricht Ihren Alltag, ohne ihn zu unterbrechen – es dauert nur ein paar Sekunden. Aber ganz allmählich wird Ihre Welt klarer und bunter.

Ob Sie in der U-Bahn sitzen, vor dem Fernseher, beim Essen, im Büro ... ganz egal: Sehen Sie kurz hin, was gerade im Jetzt da ist. Sie werden merken, wie gut Ihnen das tut.

## Achtsamkeitsübung: Hinsehen, ohne zu urteilen

Achtsamkeit ist keine großartige Technik, sondern etwas, das Sie einfach tun. Das haben Sie ja nun schon gesehen. Diese Woche wollen wir das ja etwas intensiver machen. Daher nehmen Sie sich jeden Tag ein- oder zweimal die Zeit für eine kurze Achtsamkeitsmeditation. 10 Minuten reichen aus, 15 Minuten sind besser.

- *Sitzen Sie bequem, aber mit aufrechtem Rücken.*
- *Atmen Sie dreimal tief durch.*
- *Beginnen Sie nun damit, Ihren Körper von den Fußsohlen bis zum Scheitel durchzugehen. Wie fühlen sich Ihre Fußsohlen an? Die Zehen? Die Unterschenkel, Knie, Oberschenkel, Becken, Bauch, Brust, Rücken, Schultern, Hände, Arme, Gesicht, Kopfhaut.*

\*\*\*\*\*

- *Nehmen Sie nun **jeden Tag** einen Aspekt hinzu:*

**1. Tag:** *Die Atembewegung. Achten Sie nur auf das Auf und Ab der Bauchdecke.*

**2. Tag:** *Deutlich spürbare Körperwahrnehmungen, wie die Berührung der Körperteile oder die Stellung der Gelenke.*

**3. Tag:** *Innere Körperwahrnehmungen, wie den Herzschlag.*

**4. Tag:** *Geräusche aus der Außenwelt.*

**5. Tag:** *Gedankenbewegungen.*

**6. Tag:** *Gefühlsbewegungen.*

**7. Tag:** *Richten Sie Ihre Aufmerksamkeit auf nichts Besonderes – versuchen Sie einfach, hinzusehen, was in Ihr Bewusstsein tritt.*

\*\*\*\*\*

Das klingt einfach und ist es auch. Es gibt allerdings ein paar *»Meditationshindernisse«*. Die drei wichtigsten sind:

1. *Aufdringliche Gedanken*
2. *Störende Körperempfindungen, wie Kribbeln oder Jucken*
3. *Erwartungen*

Mit diesen umzugehen ist jedoch ganz einfach: Registrieren Sie sie – und richten Sie Ihre Achtsamkeit wieder aus.

Wann immer Sie abgelenkt werden, kehren Sie einfach wieder zur Übung zurück.

Sie werden mit Sicherheit nach einer Woche eine Veränderung spüren. Vielleicht wollen Sie die *Achtsamkeitsmeditation* zu einer Gewohnheit machen? Ich kann Sie nur dazu ermutigen: Es ist eine der besten Gewohnheiten.

*****

Zur Unterstützung Ihrer *Achtsamkeitsmeditation*
können Sie hier Ihre Erfahrungen und Veränderungen
stichpunktartig festhalten:

# 2. Woche: Kommunikation statt Automatik

Die Übung der *Achtsamkeit* ist wichtig, um überhaupt sinnvoll etwas verändern zu können. In dieser Woche wird es darum gehen, etwas zu verändern, das direkt mit Ihrer Beziehung zusammenhängt: die automatischen Reaktionen und die Kommunikation.

Nun ist Ihnen das zum Teil vielleicht schon durch die Achtsamkeitsübung gelungen. Jetzt wollen wir das vertiefen – damit es auch wirklich in der Beziehung klappt. Es ist eine Sache, in der Meditation abzuschalten, doch wenn Sie plötzlich von Gefühlen überrollt werden, reagieren Sie, wie jeder, der es nicht anders eingeübt hat, automatisch. Vielleicht kennen Sie das: Sie fahren aus der Haut – und sehen sich dabei zu, wollen es in den Griff bekommen und machen dennoch weiter.

✶✶✶✶✶

Manche Gefühle machen es Ihnen schwer, so zu reagieren, wie Sie wollen. Wenn Wut, Angst oder das Gefühl, angegriffen zu werden auftauchen, kommt es zu den automatischen Abläufen, auf die das menschliche Gehirn im Laufe der Evolution programmiert wurde: Flucht, Angriff oder Erstarren. Wenn Sie Ihren Handlungsspielraum erweitern und wirklich mit Ihrem Partner kommunizieren wollen, ist es nötig, die automatisierten Reaktionen »abzufangen« und ein wenig auf die Kommunikation zu achten. Das muss man üben. Und darum geht es diese Woche.

## Einstiegsübung: Airbag

Wenn Sie beim Autofahren einen Unfall bauen und nicht gerade einen Oldtimer fahren, knallt es und ein Airbag entfaltet sich blitzschnell und schützt Sie vor Verletzungen. Früher gab es das nicht. Es musste erst erfunden und in Autos eingebaut werden. Dasselbe Prinzip können Sie nutzen, um sich vor emotionalen Verletzungen zu schützen. Aber auch da müssen Sie es erst einmal »einbauen«, das heißt, einüben. Am besten, Sie probieren es gleich einmal aus. Es ist im Grunde ganz einfach: Atmen Sie ruckartig schnell ein. Halt! Einen Moment noch.

- *Stellen Sie sich kurz eine Situation vor, in der Sie vielleicht automatisch reagieren. Sie müssen sich nicht hineinsteigern; vorerst genügt es, wenn Sie einfach an eine solche Situation denken.*
- *Und jetzt atmen Sie ganz schnell und ruckartig tief ein.*

- *Dieser kurze Atemzug unterbricht für einen ganz kleinen Augenblick Ihre Gedanken (und Gefühle!).*
- *Atmen Sie ganz langsam und tief aus.*
- *Richten Sie Ihre Achtsamkeit kurz nach innen, wie Sie es in der vorigen Woche geübt haben.*

Wie hat sich das angefühlt? Konnten Sie spüren, wie das kurze, heftige Einatmen Sie für einen winzigen Moment aus der Situation geholt hat? Am besten, Sie machen das jetzt gleich noch ein paar Mal, damit sich der Ablauf ein bisschen automatisiert: Eine Situation vorstellen – ruckartig einatmen – die Unterbrechung nutzen, um noch einmal tief einzuatmen und die Achtsamkeit nach innen zu richten.

Vielleicht gelingt es Ihnen schon nach dieser Übung, eine schwierige Situation, in der Sie automatisch reagieren würden, zu entschärfen – indem Sie nun diesen neuen Automatismus einsetzen. Je öfter Sie das üben, desto eher wird die neue Reaktion auftreten: Statt auszuflippen, atmen Sie reflexhaft ein und blockieren damit die alte automatische Reaktion.

### Alltagsübung: Auf die Kommunikation achten

Nicht alle unangenehmen Gefühle, die in Ihrer Beziehung auftauchen können, führen gleich zu heftigen automatischen Reaktionen. Aber doch zu inneren Reaktionen, die nicht ganz, aber fast immer gleich ablaufen.

Eines der besten Mittel, aus den negativen Gefühlen auszusteigen, besteht darin, auf die Kommunikation zu achten. Sie glauben, wenn Sie etwas sagen – oder wenn Ihr Partner etwas sagt – wäre das eindeutig?

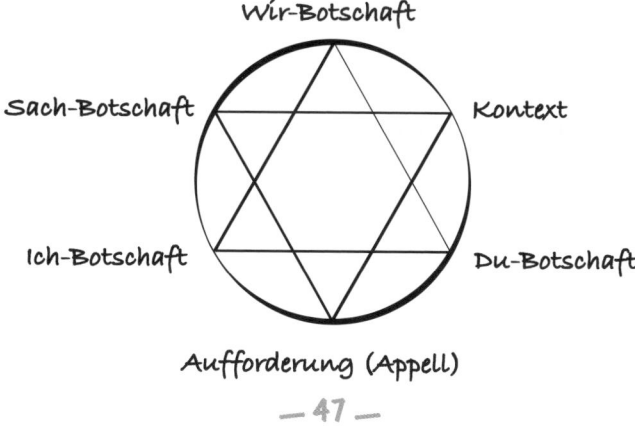

- Die *Ich-Botschaft*: Das empfinde ich.
- Die *Du-Botschaft*: So sehe ich dich.
- Die *Wir-Botschaft*: So sehe ich unsere Beziehung.
- Die *Sachbotschaft*: Ich sehe es so.
- Der *Kontext*: Die Situation.
- Der *Appell*: Ich möchte, dass du das tust.

Versuchen Sie diese Woche, auf die Kommunikation zu achten – bei sich selbst, aber auch bei Ihrem Partner und anderen Menschen, denen Sie begegnen. Indem Sie sich auf Ich-Botschaften konzentrieren, machen Sie es sich selbst und Ihren Gesprächspartnern leichter. Ich-Botschaften sind am klarsten. Andere werden häufiger missverstanden. Aber behalten Sie immer im Kopf, dass alles, was Sie sagen, als eine andere Botschaft verstanden werden kann! Und natürlich auch, dass Sie vielleicht eine andere Botschaft »hineinhören«, als Ihr (Gesprächs-)Partner beabsichtigt hat.

*****

*Sie sagen:* »Räum bitte die Garage auf.«

*Ihr Partner versteht:* »Die Garage ist nicht aufgeräumt.« *(Sachbotschaft)*
»Ich bin ärgerlich.« *(Ich-Botschaft)*
»Du bist unordentlich.« *(Du-Botschaft)*
»Wir haben ein Problem miteinander.« *(Wir-Botschaft)*
»Es ist Wochenende. Es besteht die Vereinbarung, dass du die Garage einmal die Woche aufräumst.« *(Kontext)*
»Räum die Garage auf.« *(Appell)*

Doch Sie sehen vielleicht nun: Selbstverständlich ist das nicht. Verstehen Sie, warum es manchmal zu Missverständnissen kommt? Warum Ihr Partner manchmal ausrastet, obwohl Sie etwas scheinbar ganz Unverfängliches gesagt haben? Oder umgekehrt.

## Botschaften sind nicht eindeutig!

Versuchen Sie, diese Woche Kommunikation zu üben – beim Zuhören und beim Sprechen. Mit Sicherheit wird das ein Gewinn für Ihre Beziehung werden. Und ein Gewinn für Sie selbst. Denn gut verstehen zu können heißt, gut mit anderen Menschen und mit sich selbst zurechtzukommen.

# 3. Woche: Den inneren Freund umarmen

Eine harmonische Beziehung hat eine Voraussetzung, die vielen Menschen überhaupt nicht klar ist: Wenn man sich selbst nicht annehmen und mit sich selbst Mitgefühl empfinden kann, wird es sehr schwierig, andere Menschen wirklich anzunehmen. Wenn man schon mit sich selbst nicht zurechtkommt – wie kann man da erwarten, dass es mit anderen Menschen besser klappt?

In dieser Woche wollen wir uns ganz dem Thema *»Selbstmitgefühl«* widmen.

## Ich bin, wie ich bin – Selbstmitgefühl

Natürlich sind Sie, wie Sie sind. Doch können Sie das auch zulassen? Oder schwanken Sie zwischen Ablehnung und Verachtung bestimmter Teile Ihrer Selbst und der Betonung bestimmter Eigenschaften, die Ihnen wichtig sind und die Sie gern stärker in den Vordergrund rücken?

Sehen Sie sich selbst einmal an. Versuchen Sie das, was Sie sehen, nicht zu bewerten. Schreiben Sie fünf kurze Sätze, oder auch nur Worte auf, die die Frage *»Wer bin ich?«* für Sie beantworten:

1. _____

2. _____

3. _____

4. _____

5. _____

Vielleicht waren Dinge dabei, die nicht so positiv sind. Vielleicht ärgern Sie sich über manche Eigenschaften, die Sie haben. Vielleicht hassen Sie einiges an sich sogar. Doch:

*Sie müssen **nicht** vollkommen sein.*

*Sie müssen **nicht** an Ihren weniger positiven Eigenschaften »arbeiten«.*

*Sie müssen **nicht** »etwas Besonderes« sein.*

Probieren Sie einmal aus, wie es sich anfühlt, wenn Sie sich einfach sein lassen, wie Sie sind. Sehen Sie sich achtsam an und versuchen Sie, das gleiche Mitgefühl, nicht Mitleid, für sich zu empfinden, das Sie für einen guten Freund empfinden. Ich bin mir sicher: Sie haben keinen Freund, der vollkommen ist – und das tut Ihrer Zuneigung keinen Abbruch.

### Achtsamkeitsübung: Den inneren Freund kennenlernen

Wenn Sie über etwas nachdenken, wenn Sie zwei Standpunkte abwägen, wenn Sie sich selbst wegen etwas kritisieren, merken Sie, wenn Sie genau darauf achten, dass Sie mit mehr als nur einer einzigen Stimme sprechen.

Sie haben mehrere *»innere Persönlichkeiten«*: Einen Teil, der gerne genießt (und den Sie vielleicht »inneren Schweinehund« nennen) und einen Teil, der den Genuss und Ihre »Schwächen« kritisch betrachtet. Je genauer Sie hinsehen, desto mehr solcher »inneren Persönlichkeiten« können Sie finden.

Es ist sehr spannend, sich mit diesen inneren Persönlichkeiten zu befassen. Ganz wichtig aber ist mir jetzt eine ganz bestimmte: Ihr »innerer Freund« – der Teil von Ihnen, der Sie nicht bewertet und kritisiert, der Sie nicht antreibt, der Sie nicht zu irgendetwas veranlassen will, sondern der nur zu Ihnen sagt: *»Du bist in Ordnung. Ich mag dich.«*

Jeder Mensch, und sei er auch noch so depressiv oder selbstkritisch, hat diesen inneren Freund. Versuche Sie, ihn kennenzulernen. Beispielsweise indem Sie einfach die Augen schließen, nach innen horchen und fragen: »Ist da jemand, der mich wirklich mag?« Hören Sie auf die Antwort aus Ihrem Inneren und schreiben Sie sie hier auf:

### Kennenlernübung: Ein Brief vom inneren Freund

Sie können es aber auch ganz anders machen. Nämlich, indem Sie einfach so tun, als ob Sie Ihr Freund wären – ein stiller, aber sehr guter, einfühlsamer und Sie niemals bewertender oder gar abwertender Freund. Und da es Ihnen so schwer fällt, es auszusprechen, schreiben Sie einen Brief an sich selbst.

**So als wären Sie Ihr bester Freund.**

Und weil Sie sich selbst besser kennen als jeder andere, können Sie alle, auch die intimsten, geheimsten und schwierigsten Probleme in diesem Brief ansprechen: Nicht, um diese Probleme zu lösen, sondern um Ihr Verständnis und Ihr Mitgefühl auszudrücken. Um zu sagen, dass Sie bedingungslos da sind und immer zu Ihrem Freund (also sich selbst!) stehen.

✳✳✳✳✳

Schreiben Sie diesen Brief. Wirklich, auf Papier. Nicht nur in Gedanken! Es ist wichtig, dass Sie das tun. Wenn Sie den Brief geschrieben haben, stecken Sie ihn in einen Umschlag und lassen ihn eine Weile liegen. Oder Sie schicken ihn tatsächlich an sich selbst. Sie werden staunen, wie es sich anfühlt, diesen Brief nach einiger Zeit zu lesen!

### Alltagsübung: Sich eine Umarmung gönnen

Immer dann, wenn es Ihnen gerade nicht gut geht, wenn Sie traurig sind, wenn Sie selbstkritisch sind oder kritisiert werden, wenn es Beziehungsstress gibt – geben Sie sich selbst eine Umarmung. Damit meine ich nicht, dass Sie Ihre Arme um sich schlingen – sondern eine »innerliche Umarmung Ihres inneren Freundes«.

Stellen Sie es sich vor: Sie fühlen sich nicht gut – und aus Ihrem Inneren kommt eine Stimme, die sagt:

**»Du bist in Ordnung. Ich mag dich.«**

Spüren Sie die Umarmung oder die Hand Ihres inneren Freundes, die mitfühlend Ihre Schulter drückt oder Ihnen über den Kopf streicht. Probieren Sie das, immer dann, wenn Sie sich irgendwie nicht wohl fühlen oder auch einfach ganz ohne Anlass ...

## Übung: Ich bin wertvoll – mit meinen Schwächen!

Setzen Sie sich diese Woche jeden Tag mindestens zehn Minuten lang bequem hin, schließen Sie die Augen und versuchen Sie, einen inneren Dialog mit Ihrem inneren Freund zu führen.

Falls es Ihnen schwer fällt, Ihren inneren Freund wirklich als innere Stimme zu hören, sprechen Sie einfach für ihn.

- *Sitzen Sie bequem, schließen Sie die Augen und atmen Sie dreimal tief aus und ein.*

- *Hören Sie auf Ihr Inneres und fragen Sie sich: Was ist meine Schwäche?*

- *Wenn daraufhin eine innere Stimme (oder Ihr Verstand) antwortet, atmen Sie tief ein, legen sich die rechte Hand auf die linke Schulter und atmen tief aus.*

- *Wenn Sie Kontakt mit Ihrem inneren Freund haben, spüren Sie die Befreiung durch seine Anwesenheit. Oder sagen Sie innerlich:*
  **»Ich bin in Ordnung, so wie ich bin.«**

- *Vielleicht taucht Widerspruch auf. Wiederholen Sie es dann einfach: Atmen Sie tief ein, legen sich die rechte Hand auf die linke Schulter und atmen tief aus.*
  **»Ich bin in Ordnung, so wie ich bin.«**

Schreiben Sie hier die Schwächen auf, die Ihnen in den Sinn kommen. Sie werden sehen, Sie sind damit nicht allein:

# 4. Woche: Das Herz weiten

Das Wort »Liebe« ist so groß und so oft verwendet, dass es ein wenig klischeehaft klingt. Das ist Liebe natürlich nicht. Doch Liebe ist auch nicht Verliebtheit. Sie ist nicht nur Blümchen und Sonnenschein. Sondern etwas viel Tieferes. Nun, daher lassen wir vorerst einmal das Wort »Liebe« beiseite und sehen uns etwas an, das der Liebe sehr verwandt ist und ohne das Liebe nicht wachsen kann: *Mitgefühl.*
Noch einmal zur Erinnerung:

### Mitgefühl ist nicht Mitleid!

In dieser Woche geht es ganz um das Vertiefen des Mitgefühls: Des Mitgefühls mit sich selbst, mit Ihrem Partner, mit Menschen, die Ihnen vertraut sind – und mit allen anderen.

## Das Mitgefühl heilen lassen

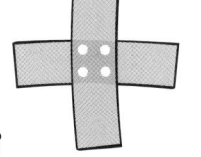

Ich kann gut verstehen, wenn Sie sich fragen (natürlich nicht laut, denn Egoismus ist ja keine so sonderlich geschätzte Eigenschaft), was Sie denn davon haben, wenn Sie Mitgefühl üben? Kann man so etwas überhaupt üben?
Ich finde diese Frage völlig natürlich und berechtigt. Irgendeinen Grund – außer dem irgendwie ein »guter Mensch« zu sein – sollte es doch geben, damit Sie so etwas wie »Mitgefühlsübungen« überhaupt machen wollen.
   Es gibt nicht nur einen, sondern ganz viele Gründe, warum es sich für Sie lohnt, Ihre Fähigkeit, Mitgefühl zu empfinden, zu üben.

- *Es wirkt gegen depressive Verstimmungen.*
- *Es führt zu gesteigerter Lebenszufriedenheit.*
- *Es versetzt Sie in die Lage, bessere Entscheidungen treffen zu können, da Sie die Welt auch aus einer anderen Position heraus sehen können.*
- *Es hilft Ihnen, ein Gefühl der Verbundenheit zu spüren, das Sie in schwierigen Lebenslagen unterstützt.*
- *Es stabilisiert Ihre Gesundheit.*
- *Es vertieft Ihre Beziehung.*

### Also wenn sich das nicht lohnt ...

## Alltagsübung: Mit Mitgefühl hinsehen

Jeden Tag ergeben sich Situationen, in denen Sie versuchen können, Ihren Standpunkt zu wechseln und einen Menschen mit Mitgefühl zu betrachten. Beispielsweise, wenn Sie einen Bettler sehen. Vielleicht ist Ihr erstes Gefühl Mitleid: Sie sehen einen Obdachlosen, der auf der Straße sitzt und Ihnen einen Becher hinhält, in der Hoffnung, ein Almosen zu bekommen. Sie fühlen das Leid und das fühlt sich nicht angenehm an. Vielleicht erleichtern Sie sich, indem Sie ein paar Münzen in seinen Becher werfen. Vielleicht denken Sie: »Unser Sozialstaat sorgt doch für ihn – warum holt er sich nicht seine Sozialhilfe ab?« Oder Sie fühlen sich abgestoßen und wenden den Blick ab.

Doch Sie können auch anders reagieren: Indem Sie ihn mit *Mitgefühl* ansehen. Dabei weiten Sie Ihr Herz. Sie sehen: Da ist ein Mensch, dem es nicht gut geht; aber er ist vor allem ein Mensch wie Sie. Auch Sie kennen Situationen, in denen es Ihnen nicht gut geht. Sie beide sind Menschen – und daher miteinander in gewisser Weise verbunden. Vielleicht geben Sie ihm dann ein bisschen was, vielleicht lächeln Sie ihn nur freundlich an, vielleicht grüßen Sie ihn – aber Sie laden sich nicht ein Leid auf, vor dem Sie fliehen müssten, indem Sie sich durch eine Gabe »befreien« oder indem Sie nach Gründen suchen, warum er selbst schuld an seiner Lage ist, warum es nicht Ihre Aufgabe ist, ihm zu helfen. Sie sehen einfach einen Mitmenschen.

Sie müssen sich nicht von dem Leid befreien, Sie müssen nicht flüchten. Sie weiten Ihr Herz. Und *das* fühlt sich gut an! Ebenso können Sie Ihre Kollegen, Ihren Chef, die Verkäuferin im Supermarkt, Ihren Nachbarn, sich selbst und Ihren Partner ansehen. Ihre Haltung dabei ist:

Ich wünsche dir das Beste.

Möge es dir gut ergehen.

Die Übung dabei ist, sich nicht in das Leid zu vertiefen, nicht zu reagieren, sondern mit offenem Herzen anzunehmen, was ist. Je mehr Sie das üben, desto freier werden Sie sich fühlen!

## Übung: Metta, die Meditation liebevoller Güte

»Metta« ist ein buddhistischer Begriff, der ungefähr »Freundlichkeit, Freundschaft, wohlwollendes und aktives Interesse« bedeutet. Diese Haltung ist im Buddhismus ganz zentral, und diese Haltung der *liebevollen Güte* wird mit der »Metta-Meditation« systematisch geübt. Möglicherweise klingt das erst einmal seltsam: liebevolle Güte systematisch üben? Doch es ist gar nicht so seltsam. Wie bei allen Gedanken und Gefühlen, so gilt auch hier: Je häufiger Sie etwas fühlen und denken, desto mehr werden die entsprechenden neuronalen Bahnen im Gehirn aktiviert, und es wird Ihnen immer leichter fallen, diese Gedanken und Gefühle aufzurufen.

Und das lohnt sich, weil es Ihr Wohlbefinden, Ihre Gelassenheit und Ihren Umgang mit Ihren Mitmenschen und nicht zuletzt Ihre Beziehung verbessert.

Üben Sie diese Woche mindestens einmal täglich 10 bis 15 Minuten lang die Metta-Meditation.

Sitzen Sie bequem und aufrecht und atmen Sie dreimal tief aus und ein.

\*\*\*\*\*

Versuchen Sie ein Lächeln auf Ihrem Gesicht erscheinen zu lassen – auch dann, wenn Ihnen gerade nicht danach ist.

\*\*\*\*\*

Versuchen Sie, an eine Situation in Ihrem Leben zu denken, wo Sie sich sehr wohl fühlten und Ihr Herz voller Liebe war.

\*\*\*\*\*

Sehen Sie nun sich selbst an – ohne zu bewerten, ohne zu kritisieren, ohne zu analysieren. Betrachten Sie sich, wie Sie Ihr Kind liebevoll ansehen würden.

Stellen Sie sich vor, wie Sie sich herzlich umarmen,
und sagen Sie innerlich dreimal:

»Möge es dir gut ergehen. Mögest du Frieden finden.«

\*\*\*\*\*

Am ersten Tag können Sie es dabei bewenden lassen. Bleiben Sie aber mindestens zehn Minuten dabei. An den folgenden Tagen können Sie dann nach und nach die liebevolle Güte immer weiter ausdehnen.

Auf Ihre Freunde: Stellen Sie sich vor, wie Sie einen
nach dem anderen, oder alle zusammen, herzlich umarmen.
Sagen Sie innerlich:

»Möge es dir gut ergehen. Mögest du Frieden finden.«

\*\*\*\*\*

Auf Ihre Bekannten, Kollegen, Verwandten:
Lassen Sie Ihre guten Wünsche und Ihr Wohlwollen auch
diesen zukommen. Sagen Sie wieder innerlich:

»Möge es dir gut ergehen. Mögest du Frieden finden.«

\*\*\*\*\*

Auf alle Menschen, die Ihnen in Ihrem Leben begegnet sind:
Auch sie bekommen Ihr Wohlwollen:

»Möge es euch gut ergehen. Möget Ihr Frieden finden.«

\*\*\*\*\*

Beenden Sie die Meditation, spüren Sie Ihrer Verbundenheit mit allem Leben nach und atmen Sie tief durch. Öffnen Sie Ihre Augen. Das Gefühl des inneren Friedens und der Verbundenheit nehmen Sie ganz bewusst mit in Ihren Alltag. Es wird Sie durch viele schwierige Situationen tragen und Ihrer Beziehung eine neue Tiefe verleihen.

# 5. Woche: Dem Leben vertrauen

Sie haben nun schon viel geübt – und sind dabei sicherlich auch schon gelassener geworden. Vielleicht haben Sie gespürt, dass alles, was Sie geübt haben und was Sie weiterbringt, in gewisser Weise mit Gelassenheit zu tun hat. Und vielleicht haben Sie auch gemerkt, dass die Gelassenheit etwas ist, das Ihrer Beziehung, Ihrem Partner und Ihnen selbst gut tut.

Gelassenheit ist etwas ganz Zentrales im Leben. Nicht nur in der Partnerschaft. Denn das Leben ist nun einmal voller Wechselfälle. Auch Beziehungen können enden, obwohl Sie alle Beziehungskiller vermeiden und alle Beziehungswärmer nutzen. Selbst wenn Sie der vollkommene Partner wären und Sie der netteste, attraktivste und liebevollste Mensch der Welt. Was auch immer Sie tun, das Leben wird Sie immer überraschen können, im Positiven wie im Negativen.

Um diesen Wechselfällen des Lebens zu begegnen, ist nichts so gut wie Gelassenheit. Und daher wollen wir uns in dieser letzten Woche besonders mit der Gelassenheit beschäftigen.

Wenn Sie gelassen sind, können Sie dem Leben vertrauen. Denn Dinge geschehen einfach. Das Leben will Sie nicht täuschen – es ist da. Mit Gelassenheit können Sie das Beste daraus machen.

## Verstehen, lächeln, dankbar sein

Es gibt drei Dinge, die enorm dabei helfen, gelassen zu bleiben. Das erste ist Verständnis – alle Menschen sind eben nur Menschen. Und Menschen irren sich, machen Fehler, auch schwere Fehler, sogar schreckliche Fehler. Doch Verständnis und Mitgefühl, die aus dem Wissen und Fühlen erwachsen, dass wir eben nur unvollkommene Menschen sind und keine Engel und Götter, aber auch keine Dämonen und Teufel, helfen dabei, Gelassenheit auch im grausamsten Unglück zu bewahren.

Lächeln ist erst einmal nur eine Bewegung von Gesichtsmuskeln – doch diese Bewegung ist mit tiefen, wohltuenden Gefühlen verbunden. Und diese Gefühle erleichtern das aufrichtige Spüren von Gelassenheit.

Dankbarkeit ist keine moralische Pflicht, sondern eine Strategie, um gelassen und glücklich zu sein.

## Lassen Sie uns dazu ein paar kleine Gefühlsexperimente machen

### Gefühlsexperiment Verständnis:

Stellen Sie sich jemanden vor, den Sie nicht ausstehen können. Es muss ja nicht gerade Ihr Todfeind sein ... Und dann versuchen Sie einmal, den Menschen zu sehen – der auch Probleme hat (und vielleicht deswegen so unangenehm ist), der leidet und sich auch danach sehnt, gemocht und angenommen zu werden.

Probieren Sie es ernsthaft aus – es kostet Sie nichts und Sie müssen ja auch weiterhin mit diesem Menschen nichts zu tun haben. Trotzdem spüren Sie vielleicht zunächst einen Widerwillen, sich auf Verständnis einzulassen. Doch in dem Moment, wo Sie diese Schwelle überwinden, werden Sie ein befreiendes Gefühl erleben. Sie können gelassen sein, wo Sie sich vorher aufregten – Sie haben die Kontrolle übernommen. *Und das tut Ihnen gut!*

### Gefühlsexperiment Lächeln:

Dieses Experiment ist noch einfacher. Versuchen Sie, bewusst zu lächeln. Das ist einfach, aber nicht ganz so einfach, wie es klingt. Die Mundwinkel nach oben ziehen reicht nicht. Es sind vor allem auch die Augenringmuskeln beteiligt.
Es sollte schon ein echtes Lächeln sein.

Probieren Sie ein wenig herum. Sie merken sofort, wenn Sie ein echtes Lächeln gefunden haben, denn das ist mit positiven Gefühlen verbunden. Es ist eine sehr interessante Erfahrung, dass Sie gute Gefühle tatsächlich erzeugen können. Das hilft Ihnen sehr bei der Entwicklung der Gelassenheit.

## Gefühlsexperiment Dankbarkeit:

Ganz bestimmt können Sie ein paar Dinge finden, über die Sie dankbar sein können. Vielleicht können Sie nicht sofort drei solche Dinge aus dem Ärmel schütteln, gerade, wenn Sie im Moment traurig oder genervt sind.

Doch ich bin mir ganz sicher, dass Sie etwas finden können, wenn Sie es versuchen. Schreiben Sie diese Dinge hier auf, dann können Sie sie immer nachlesen und in Erinnerung bringen.

Ich bin dankbar für ...

----------------------------------------------------

----------------------------------------------------

----------------------------------------------------

----------------------------------------------------

----------------------------------------------------

----------------------------------------------------

----------------------------------------------------

----------------------------------------------------

----------------------------------------------------

----------------------------------------------------

Wann immer Sie etwas in Ihr Bewusstsein rufen, das ein Gefühl der Dankbarkeit weckt, werden Bereiche im Gehirn aktiviert, die mit sehr positiven Gefühlen verbunden sind und Gelassenheit leicht machen.

## Vorübung: Was bedeutet Gelassenheit für mich?

Gelassenheit kann sich leichter entfalten, wenn sie in Ihren Gedanken klar vor Ihnen steht. Im Folgenden geht es zwar darum, dass Sie nachdenken – aber es ist ein Denken, das Ihre Gefühle mit einbezieht.

Sinnen Sie ein wenig über die folgenden Fragen nach. Gehen Sie den Fragen wirklich nach – sodass Sie vor Freunden einen kurzen Vortrag über den Nutzen der Gelassenheit halten können. Und zwar so, dass Sie auch fühlen, was Sie sagen.

• *Ich verliere bisher Gelassenheit, wenn ...*

• *Gelassenheit bedeutet für mich ...*

• *Gelassenheit bringt mir ...*

• *Ich werde daher gelassen reagieren, wenn ...*

## Übung: Die Gelassenheitsmeditation

Üben Sie diese Woche diese Meditation 10 bis 15 Minuten lang.

🌸 *Sitzen Sie bequem, mit aufrechtem Rücken. Atmen Sie dreimal tief aus und ein.*

🌼 *Beginnen Sie dann die folgende Affirmation zu wiederholen: »Ich bin ...« (einatmen) »... gelassen und heiter« (ausatmen und lächeln). Wiederholen Sie das etwa zehnmal. Sie müssen nicht mitzählen, bleiben Sie einfach eine Weile dabei.*

🌼 *Versuchen Sie, in die Gefühle Gelassenheit, Weisheit, Güte und Ruhe einzutauchen. Wenn es nicht gleich klappt, macht das nichts – Sie versuchen es einfach ein Weilchen.*

🌸 *Wiederholen Sie dann noch einmal den ersten Teil, in dem Sie die Affirmation innerlich sprechen.*

🌸 *Bevor Sie die Meditation beenden, danken Sie Ihrem Unterbewusstsein, Gott oder dem Universum im Vertrauen darauf, dass die Gelassenheit nun jeden Tag stärker in Ihnen wird. Beispielsweise so:*

»Ich bedanke mich für das Geschenk der Gelassenheit und vertraue darauf, dass es mir immer besser gelingt, diese Gelassen- und Heiterkeit in die Welt zu tragen.«

# Sei gut zu dir!

Ihre Beziehung hat etwas, auf das Sie auf keinen Fall verzichten können:

**Sie selbst!**

Was auch immer Sie in Ihrer Beziehung suchen – es kann nicht Selbstmitgefühl ersetzen. Selbstmitgefühl überwindet auch das Gefühl, getrennt von anderen Menschen zu sein.

Doch diese Trennung ist ja eine Illusion. Die anderen, auch Ihr Partner, sind ein Teil Ihrer Welt – entweder einer Welt, in der es darum geht, zu gewinnen, etwas zu erreichen, etwas darzustellen. In der Sie nur ein kleines Rädchen sind, in denen andere »besser« sind als Sie und Sie keine wirkliche Bedeutung haben. Oder aber einer Welt, die Sie umarmen und sich als Teil dieser Welt fühlen und gleichzeitig diese Welt ein Teil von Ihnen ist. Eine Welt, in der Sie nicht sein müssen, sondern einfach sind: Und zwar so glücklich, wie es Ihnen zusteht.

**Seien Sie gut zu sich.**

Betrachten Sie die Welt durch die Augen des Mitgefühls – und vergessen Sie nicht, dass Sie ein Teil dieser Welt sind!

# www.systemed.de

**Pur – weiß – tödlich.**
Warum der Zucker uns umbringt – und wie wir das verhindern können.
Prof. John Yudkin | Prof. Robert Lustig
978-3-942772-41-9 **14,99 €**

**Das Myoreflexkonzept.**
Schmerzfrei mit aktiven Muskeln.
Dr. med. E. Jörg | P. Kensok
978-3-942772-49-5 **13,99 €**
~~15,99 €~~

**Allergien vorbeugen.**
Schwangerschaft und Säuglingsalter sind entscheidend!
Dr. I. Reese | Chr. Schäfer
978-3-927372-50-4 **9,99 €**
~~14,95 €~~

**Ethisch Essen mit Fleisch.**
Eine Streitschrift über nachhaltige und ethische Ernährung mit Fleisch und die Missverständnisse und Risiken einer streng vegetarischen und veganen Lebensweise.
Lierre Keith | Ulrike Gonder
978-3-927372-87-0 **14,99 €**

**Köstlich kochen mit Tee.**
Einfache und inspirierende Rezepte.
Tanja Bischof | Harry Bischof **4,99 €**
978-3-942772-76-1 ~~19,95 €~~

**Der Paleo-Code.**
Das Steinzeit-Programm.
Romy Dollé
978-3-927372-86-3 **19,99 €**

JETZT ALS PAPERBACK

**Kräuter & Gewürze als Medizin.**
Gesund und schlank mit Vitalkräften aus der Apotheke der Natur.
Klaus Oberbeil
978-3-942772-92-1 **15,00 €**
~~19,95 €~~

**Gesund durch Stress!**
Wer reizvoll lebt, bleibt länger jung!
Hans-Jürgen Richter
Dr. Peter Heilmeyer
978-3-927372-42-9 **4,99 €**
~~15,95 €~~

**Ich habe so lange auf Dich gewartet!**
Der lange Weg durch die Kinderwunsch-therapie. Ein Tagebuch – ärztlich kommentiert und ergänzt – über Hoffnungen, Misserfolge, Wegbegleiter und das Wunschkind.
Prof. M. Ludwig | Maileen L. **9,59 €**
978-3-942772-11-2 ~~15,95 €~~

**Gute Kohlenhyrate – schlechte Kohlenhydrate.**
Pfunde verlieren und Energie tanken.
Barbara Plaschka | Petra Linné
978-3-927372-81-8 **12,95 €**

**Schwer verdaulich.**
Wie uns die Ernährungsindustrie mästet und krank macht.
Pierre Weill
978-3-942772-40-2 **12,95 €**

NEU

**Früchtewampe.**
Warum Obst und Gemüse dick machen können.
Romy Dollé
978-3-942772-83-9 **19,99 €**

**Fit mit 100.**
Jung bleiben, länger leben.
- Ein Leben lang schlank & glücklich.
- Programme für Körper und Seele.
- 100 wertvolle Ernährungstipps.
Klaus Oberbeil
978-3-927372-93-1 **14,99 €**

**Yes, I can!**
Erfolgreich schlank in 365 Schritten.
Dr. Ilona Bürgel
978-3-927372-51-1 **4,99 €**
~~15,00 €~~

**Natürlich verhüten ohne Pille.**
Welche Methode ist die beste?
Alle sicheren Alternativen. Was tun bei Kinderwunsch? Wie man die natürlichen Techniken rasch und sicher erlernt.
Anita Heßmann-Kosaris **8,99 €**
978-3-927372-63-4 ~~14,95 €~~

**66 Ernährungsfallen
… und wie sie mit Low-Carb zu vermeiden sind.**
- in typischen Alltagssituationen
- für Büro und Freizeit
- mit Einkaufsführer im Supermarkt
- mit ausführlichem Restaurant-Guide
Barbara Plaschka | Petra Linné
978-3-927372-55-9 **15,95 €**

**Das Kohlenhydratkartell.**
Über die Diätkatastrophe, die finsteren Machenschaften der Zuckerlobby und Wege aus dem Diätendschungel.
Clifford Opoku-Afari
978-3-927372-39-6 **12,95 €**

**Iss einfach gut.**
Das Prinzip Nahrungskette – einfach und pragmatisch erklärt vom Koch der Deutschen Fußballnationalmannschaft.
In Hardcover-Luxusausführung mit Moleskine Gummi und Saisonkalender als DIN-A3-Poster
Holger Stromberg
978-3-942772-50-1 **14,99 €**
~~19,99 €~~

**Warum Fische nie dick werden.**
Jung & schlank mit Meeresfrüchten, Omega-3-Fettsäuren, Algen und Jod.
Klaus Oberbeil | Patrick Coudert
978-3-942772-71-6 **19,99 €**

**Homöopathie – sanfte Heilkunst für Babys und Kinder.**
Homöopathische Behandlung im Alltag.
Angelika Szymczak **5,99 €**
978-3-927372-49-8 ~~19,95 €~~

**Low-Carb für Männer.
Ein Mann – (k)ein Bauch.**
Jetzt noch übersichtlicher – mit komplett überarbeiteter Kohlenhydrattabelle zum Nachschlagen.
Barbara Plaschka | Petra Linné
978-3-942772-52-5 **15,99 €**

**Die letzte Reise.**
Eine Reise über deutsche Friedhöfe von Sylt bis Konstanz.
Clemens Menne
978-3-927372-76-4 **20,00 €**
~~22,00 €~~

**Der Gen-Code.**
Das Geheimnis der Epigenetik – wie wir mit Ernährung und Bewegung unsere Gene positiv beeinflussen können.
Dr. Ulrich Strunz
978-3-942772-01-3 **14,99 €**

Bestellen Sie direkt beim Verlag.
Versandkostenfreie Lieferung.
Alle bereits erschienenen Bücher sind sofort lieferbar.

Mehr Infos zum Programm, zu den Autoren und zu weiteren Neu-erscheinungen finden Sie auf unserer Website www.systemed.de

## Yoga & Achtsamkeit

**Das Hatha Yoga Praxisbuch.**
Für Einsteiger und Fortgeschrittene.
Marcel Anders-Hoepgen
978-3-95814-035-6 **29,99 €**

**Sampoorna Hatha Yoga Stunde.** (DVD)
Stufe 1
Marcel Anders-Hoepgen
978-3-927372-64-1 **17,95 €**

**Sampoorna Hatha Yoga Stunde.** (CD)
Stufe 1
Marcel Anders-Hoepgen
978-3-927372-65-8 **9,79 €**
~~14,95 €~~

**Sampoorna Hatha Yoga Stunde.** (DVD)
Leichte Mittelstufe
Schwerpunkt: Dehnung der Hüften
Marcel Anders-Hoepgen
978-3-927372-04-4 **17,95 €**

**Hatha Yoga Stunde.** (DVD)
Leichte Mittelstufe
Schwerpunkt: Kraftaufbau
Marcel Anders-Hoepgen
978-3-927372-84-9 **17,99 €**

**Hebammen Yoga.**
Übungen zur Geburtsvorbereitung
und Rückbildung. Inkl. Mantra-Audio-CD.
Marcel Anders-Hoepgen
978-3-927372-99-3 **5,99 €**
~~19,99 €~~

**Hebammen Yoga.** (Doppel-DVD)
Übungen zur Geburtsvorbereitung und
Rückbildung.
Marcel Anders-Hoepgen
978-3-942772-03-7 **16,95 €**

**Yoga von Kopf bis Fuß.**
5-Minuten-Übungen aus
dem Sampoorna Hatha Yoga.
Die Box beinhaltet:
· Augenentspannung (CD)
· Gleichgewicht (CD)
· Oberen Rücken stärken (CD)
· Unteren Rücken stärken (CD)
· Bauchmuskulatur stärken (CD)
Marcel Anders-Hoepgen
978-3-942772-45-7 **15,00 €**
(erhältlich solange der Vorrat reicht)

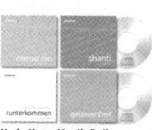

**Nada-Yoga-Musik-Reihe.**
Marcel Anders-Hoepgen
**Eternal OM** (CD)
978-3-942772-16-7 **9,99 €**
**Shanti** (CD)
978-3-942772-29-7 **9,99 €**
**Runterkommen** (CD)
978-3-942772-17-4 **9,99 €**
**Gelassenheit** (CD)
978-3-942772-15-0 **9,99 €**

Marcel Anders-Hoepgen
**Besser schlafen.** (CD)
Entspannung für die Nacht.
978-3-942772-25-9 **9,99 €**
**Gut schlafen.** (CD)
Entspannung für die Nacht.
978-3-927372-62-7 **9,95 €**
**Kraft tanken.** (CD)
Entspannung für den Tag.
978-3-927372-61-0 **7,99 €**

Marcel Anders-Hoepgen
**Augenentspannung** (CD)
978-3-942772-71-9 **8,95 €**
**Gleichgewicht** (CD)
978-3-942772-72-6 **8,95 €**
**Nackenentspannung** (CD)
978-3-942772-70-2 **8,95 €**
**Oberen Rücken stärken** (CD)
978-3-942772-73-3 **8,95 €**
**Unteren Rücken stärken** (CD)
978-3-942772-74-0 **8,95 €**
**Bauchmuskulatur stärken** (CD)
978-3-942772-75-7 **8,95 €**

**Die Yogi-Methode.**
30-Tage-Challenge zur achtsamen
Ernährung.
Vegan – ayurvedisch – yogisch.
Marcel Anders-Hoepgen
978-3-942772-69-3 **19,99 €**

**Yoga: Jeden Tag neu!**
Über 100.000 mögliche Kombinationen
für Übungseinheiten à 5 bis 10 Minuten.
Marcel Anders-Hoepgen
978-3-927372-69-6 **13,99 €**
~~24,00 €~~

**Sonnengruß, Teil 1.** (DVD + CD)
Das perfekte Workout.
Marcel Anders-Hoepgen
978-3-927372-77-1 **9,99 €**
~~16,95 €~~

**Sonnengruß, Teil 2.** (DVD + CD)
Der perfekte Stressabbau.
Marcel Anders-Hoepgen
978-3-927372-97-9 **9,99 €**
~~16,95 €~~

**Rücken for fit.**
Das 30-Tage-Programm für einen schmerz-
freien Rücken in nur fünf Minuten pro Tag.
Inklusive Übungs-DVD.
Marcel Anders-Hoepgen
978-3-942772-53-2 **14,99 €**
~~19,99 €~~

**Anti-Stress-Yoga.**
Kartenbox mit 18 Rezepten und 56 Asanas.
Petra Orzech
978-3-942772-85-3 **14,99 €**

**Der Glücksvertrag**
Das 21-Tage-Programm. Ein glückliches
Leben in Balance dank einer Formel aus
Psychologie und fernöstlicher Heilkunst.
Inklusive DVD.
A. Mehta | G. Brüggemann
978-3-942772-14-3 **5,99 €**
~~19,99 €~~

**Mut zur Trennung.**
Plädoyer für eine mutige und
produktive Entscheidung – Kinder
brauchen Aufrichtigkeit.
Jutta Martha Beiner
978-3-942772-47-1 **9,59 €**
~~19,99 €~~

**Yoga X-Large.**
Auch Dicke können Yoga machen!
Yoga- und Bewusstheitsübungen für
Menschen mit Plus-Size-Körpern.
Birgit Feliz Carrasco
978-3-942772-77-8 **17,99 €**

**Schlank durch Achtsamkeit.**
Durch inneres Gleichgewicht
zum Idealgewicht.
Ronald Pierre Schweppe
978-3-942772-90-7 **14,99 €**

**Achtsam abnehmen.**
33 Methoden für jeden Tag.
Ronald Pierre Schweppe
978-3-942772-99-0 **12,99 €**

**Warum Stress dick macht**
… und warum wir entspannt
schneller abnehmen.
Ronald Pierre Schweppe
978-3-942772-51-8 **9,75 €**
~~12,99 €~~

**Der Burnout-Irrtum**
Ausgebrannt durch Vitalstoffmangel –
Burnout fängt in der Körperzelle an!
Das Präventionsprogramm mit
Praxistipps und Fallbeispielen.
Uschi Eichinger | Kyra Hoffmann
978-3-942772-06-8 **19,99 €**

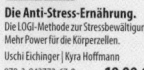

**Die Anti-Stress-Ernährung.**
Die LOGI-Methode zur Stressbewältigung.
Mehr Power für die Körperzellen.
Uschi Eichinger | Kyra Hoffmann
978-3-942772-67-9 **19,99 €**

 **NEU**

**Glückliche Kinder.**
Erziehung in Liebe & Achtsamkeit.
Aus der Reihe »mitGefühl«
Ronald Pierre Schweppe
978-3-95814-000-4 **7,99 €**

 **NEU**

**Starke Partner.**
Beziehung in Liebe & Achtsamkeit.
Aus der Reihe »mitGefühl«
Aljoscha Long
978-3-95814-001-1 **7,99 €**

**NEU**

**Dauerhaft schlank.**
Ernährung mit Liebe & Achtsamkeit.
Aus der Reihe »mitGefühl«
Dr. Julia Bollwein
978-3-95814-002-8 **7,99 €**

 **NEU**

**Selbstheilung.**
Gesundheit durch Liebe & Achtsamkeit.
Aus der Reihe »mitGefühl«
Fei Long
978-3-95814-003-5 **7,99 €**

systemed Verlag
Kastanienstraße 10
D-44534 Lünen
Telefon 02306 63934
Telefax 02306 61460
www.systemed.de
faltin@systemed.de

Der erste Schritt auf dem Weg zum Idealgewicht: Lieben Sie sich selbst! Der effektivste Weg, um dauerhaft abzunehmen, besteht nicht darin, Kalorien zu zählen oder gegen seine Bedürfnisse anzukämpfen. Im Gegenteil: Nur wenn Sie mit sich selbst Freundschaft schließen und lernen, der Intelligenz Ihres Körpers zu vertrauen, werden Sie auch auf der Waage erfolgreich sein. Studien belegen: Die Kraft der Selbstfürsorge hilft uns, unsere Schwächen in Stärken zu verwandeln. Nur wer sich selbst zu lieben lernt, kann sich von belastenden Essmustern befreien und langfristig Übergewicht abbauen. Der Hunger nach Leben, der hinter allen Gewichtsproblemen steckt, lässt sich nie durch (zu viel) Essen sättigen, sondern nur durch Mitgefühl und Achtsamkeit.

mitGEFÜHL – die neue Reihe zum philosophischen Thema Nummer eins: Achtsamkeit. »mitGEFÜHL«, so heißt die neue Reihe bei systemed, die Anfang 2015 mit vier Titeln rund um das buddhistische Konzept »Self-Compassion« – also Selbstmitgefühl oder Selbstfürsorge – gestartet ist. mitGEFÜHL ist angewandte Achtsamkeit. Lebenskunst und Lebensliebe in ihrer schönsten Form.

Wer sich selbst achtet, lernt, sich selbst zu heilen.
Ganzheitliche und umfassende Gesundheit ist lange nicht nur ein Funktionieren von Organen und Stoffwechsel. Ihr Kern ist ein tief empfundenes Wohlfühlen mit sich selbst. Wer ein echtes Bewusstsein für seinen Körper entwickelt, ist in der Lage, seine ureigene Fähigkeit zur Selbstheilung zu aktivieren – und damit sogar physiologische Abläufe wie Blutdruck, Muskeltonus, Immunabwehr und Hormonhaushalt zu beeinflussen. Das ist weder Glaube noch esoterische Theorie! Dieser Zusammenhang wurde durch die Forschung immer wieder nachgewiesen. Dieser erstaunliche Ratgeber leitet an, sich selbst – mit allen kleineren und größeren Schwachpunkten – liebevoll anzunehmen.

**Glückliche Kinder.**
Erziehung in Liebe & Achtsamkeit.
*Aus der Reihe »mitGefühl«*
Ronald Pierre Schweppe
978-3-95814-000-4          **7,99 €**

**Starke Partner.**
Beziehung in Liebe & Achtsamkeit.
*Aus der Reihe »mitGefühl«*
Aljoscha Long
978-3-95814-001-1          **7,99 €**

**Dauerhaft schlank.**
Ernährung mit Liebe & Achtsamkeit.
*Aus der Reihe »mitGefühl«*
Dr. Julia Bollwein
978-3-95814-002-8          **7,99 €**

**Selbstheilung.**
Gesundheit durch Liebe & Achtsamkeit.
*Aus der Reihe »mitGefühl«*
Fei Long
978-3-95814-003-5          **7,99 €**

Selbstliebe und Selbstachtung sind der Weg zur harmonischen Erziehung. Die Forschung belegt, was Weisheitslehrer seit Generationen vermitteln: Nur wer sich selbst liebt, kann andere lieben – und nur wer Freundschaft mit sich selbst schließt, kann auch seinen Kindern Wärme, Vertrauen und Selbstbewusstsein schenken. Entwickeln Sie die Fähigkeit, sich selbst zu lieben und freundlich mit sich umzugehen. Dadurch werden Sie ganz von selbst gelassener – auch und vor allem im Zusammenleben mit Ihren Kindern. Durchbrechen Sie den Kreislauf aus negativem Denken, Sorgen, Leistungsdenken und Perfektionszwang, indem Sie mitfühlende Selbstliebe und Herzensgüte kultivieren – nicht nur sich selbst, sondern auch Ihren Kindern zuliebe.

systemed Verlag
Kastanienstraße 10
D-44534 Lünen
Telefon: 02306 63934
Fax: 02306 61460
faltin@systemed.de